Platon's
Werke.

Vierte Gruppe:
Die Platonische Kosmik.
Elftes Bändchen.

Die Gesetze.
Zwölf Bücher.

Uebersetzt
von
Dr. Franz Susemihl,
außerordentlichem Professor in Greifswald.

Drittes Bändchen.
Buch IV. und V.

Stuttgart,
Verlag der J. B. Metzler'schen Buchhandlung.
1862.

Viertes Buch.

[p. 704.] 1. (§. 197.) Der Athener. Wohlan denn, welche Bezeichnung darf man dieser eurer künftigen Anlage geben? Ich meine dies aber nicht so, als ob ich darnach fragen wollte welchen Namen sie denn zur Zeit hat und welchen man in Zukunft ihr bei= legen soll [155]); denn diesen wird dem neu entstandenen Staate (schon) die (Art seiner) Gründung oder irgend eine Oertlichkeit geben oder man wird ihm den geheiligten Namen eines Flusses oder einer Quelle oder eines der in jener Gegend einheimischen Gottheiten beilegen. Was ich von diesem Staate durch jene Frage erfahren will ist vielmehr dies: ob es ein See= oder Landstaat wer= den wird.

Kleinias. Die Stadt auf welche sich unser jetziges Ge= spräch bezieht, lieber Freund, ist vom Meere wohl gegen achtzig Stadien [156]) entfernt.

Der Athener. Wie aber? Sind Hafenplätze auf dieser Seite derselben oder ist sie ganz und gar ohne solche?

Kleinias. Sie hat dort so treffliche Hafenplätze, Freund, als man es nur verlangen kann.

(§. 198.) Der Athener. O weh, was sagst du da! Doch wie stehts mit der umliegenden Gegend? Ist sie an Allem fruchtbar oder fehlen ihr einige Erzeugnisse?

Kleinias. Kaum.

Der Athener. Und wird eine Nachbarstadt nicht weit ent=
fernt liegen?

Kleinias. Keineswegs, sondern eben deßhalb weil dies nicht
der Fall ist wird diese Kolonie gegründet. Eine alte Auswande=
rung nämlich, welche dort stattgefunden, hat das Land seit undenk=
licher Zeit wüst gelassen. [157])

Der Athener. Und weiter: wie sind dort Ebenen, Berg
und Wald vertheilt?

Kleinias. Es kommt die natürliche Beschaffenheit dieser
Gegend ganz der des übrigen Kreta gleich.

Der Athener. Du würdest sie also eher eine bergige als
eine ebene nennen. [158])

Kleinias. Allerdings.

(§. 199.) Der Athener. Dann ist der Schade noch heil=
bar und noch nicht alle Aussicht dahin diesem neuen Staat tüchtige
Bürger zu geben. Denn wenn diese Stadt nicht bloß (unmittel=
bar) an der See zu liegen käme und gute Hafenplätze hätte, son=
dern dabei auch nicht alle ihre Bedürfnisse selber (in ihrem Gebiet)
erzeugte und Vieles derselben nicht hervorbrächte, so wäre ihr ein
großer Retter und gottgeleitete Gesetzgeber vonnöthen, wenn sie
nicht bei einer solchen Natur des Landes vielerlei eben so bunt=
scheckige als nichtswürdige Sitten in sich aufnehmen sollte, so aber
liegt eine Beruhigung (schon) in den achtzig Stadien. Freilich liegt
sie auch so noch der See näher als gut ist, und zwar wohl um so mehr,
da die ganze Küste nach deiner Aussage mit guten Hafenplätzen
versehen ist; gleichwohl muß aber auch dies schon zu unserer Be=
friedigung dienen. [p. 705] Denn die Nähe des Meeres bietet
zwar Tag für Tag ihre süßen Reize dar, in Wahrheit aber ist es
eine salzige und bittere Nachbarschaft. [159]) Indem sie nämlich die

Bürger;*) mit Handelsgeist und krämerischer Gewinnsucht erfüllt und ihren Seelen einen trügerischen und unzuverlässigen Charakter einflößt, so entfremdet sie sie der Treue und dem Wohlwollen gegen einander so wie gegen andere Menschen. (§. 200.) Eine fernere Beruhigung in Bezug auf diese Gefahren nun liegt darin daß das Gebiet (der neuen Kolonie) alle Erzeugnisse selber hervorbringt, und da es bergig ist, so ist es offenbar daß es mit dieser Allergiebigkeit dennoch nicht zugleich eine Vielergiebigkeit verbinden wird; denn wäre dies der Fall, so würde es ja eine reiche Ausfuhr ermöglichen und so wiederum der Staat mit Gold- und Silbergeld über- schwemmt werden, ein Uebel wie es, geradezu gesagt, wenn man Eins gegen das Andere hält, einem Staate nicht größer begegnen kann, indem Nichts die Bildung edler und rechtlicher Charaktere so sehr erschwert, wie wir, wenn ihr euch dessen erinnert, schon im Ver- laufe unseres Gesprächs bemerkt haben. [160])

Kleinias. Wir erinnern uns dessen wohl und finden daß wir damals Recht hatten und jetzt Recht haben.

(§. 201.) Der Athener. Und nun weiter! Wie ist das Land mit Holz zum Schiffbau versehen?

Kleinias. Es wächst dort keine Tanne die der Rede werth wäre und auch keine Föhre und nicht viele Cypressen; und auch Fichten und Platanen, welche die Schiffbauer stets zu den inneren Theilen der Schiffe gebrauchen müssen, findet man nur wenig.

Der Athener. Auch in dieser Hinsicht ist die Natur des Landes ein wahres Glück für dasselbe.

Kleinias. In wie fern denn?

Der Athener. Es ist ein Glück wenn ein Staat seine Feinde in ihren schlechten Eigenschaften nicht leicht nachahmen kann.

---

*) αὐτὴν für ἑαυτὴν verbessert schon Ast.

Kleinias. Was von dem bisher Besprochenen haft du bei dieser Bemerkung im Sinne?

2. (§. 202.) Der Athener. Guter Freund, nimm mich (genau) in Obacht, indem du dabei stets das im Auge behältst was im Anfange über die kretischen Gesetze bemerkt worden ist, daß sie nämlich nur auf Einen Zweck ihr Absehen gerichtet hätten. Ihr nämlich sagtet daß dies der Krieg sei, ich dagegen erinnerte daß es allerdings das Richtige sei wenn solche gesetzliche Einrichtungen die Tugend zum Zwecke hätten, daß ich es aber nicht eben billigen könne wenn sie bloß auf einen Theil und nicht nach Kräften auf die Gesammtheit derselben ihr Absehen gerichtet hätten. [161]) Jetzt also nehmt ihr eurerseits wiederum mich in Obacht, indem ihr mir bei der vorliegenden Gesetzgebung folgt, ob ich nämlich irgend Etwas was nicht zur Tugend oder was nur zu einem Theile der Tugend hinführt als Gesetz hinstellen werde. Denn ich bin der Meinung daß nur dasjenige Gesetz richtig gegeben ist welches wie ein (guter) Bogenschütze stets sein Ziel im Auge behält*), [p. 706] (und dies Ziel ist) dasjenige welchem allein**) beständig eins jener***) bleibenden Güter nachfolgt, alles Andere aber, mag es nun in Reichthümern oder irgend etwas Anderem der Art bestehen,

---

*) Vgl. XI. §. 776. XII. §. 845 z. E.

**) μόνῳ statt μόνον aus den besten Handschriften mit Bekker, Hermann, Baiter, Stallbaum 3. A.; μόνον würde ja heißen daß nicht eins der anderen Güter zugleich ihm nachfolgen dürfte, was an sich widersinnig ist und den unmittelbar folgenden Worten direct widerspricht.

***) Auf τούτων τῶν (Stephanus, Bekker, Zürcher, Stallbaum 2. und 3. A., Wagner) und nicht das bloße τῶν führen die Spuren der Handschriften.

wenn es ohne das Vorerwähnte ist, außer Acht läßt. (S. 203.)
Bei der Nachahmung der Feinde in ihren schlechten Eigenschaften
nun dachte ich an solche Fälle wo ein am Meere wohnendes Volk
den Plackereien seiner Feinde ausgesetzt ist, wie z. B. den folgenden;
die ich aber keineswegs in der Absicht erwähne um euch durch die
Erinnerung an dieselben zu verletzen.   Minos nämlich zwang vor
Zeiten die Bewohner von Attika zu einer harten Tributzahlung [163a]),
indem er im Besitze einer großen Seemacht war, sie aber noch weder Kriegsschiffe, wie jetzt, besaßen, noch auch ein Land voll von
Schiffsbauholz, so daß sie sich leicht eine Seemacht hätten schaffen
können.   Sie waren daher nicht im Stande durch Nachahmung
des Schiffswesens schon damals gleich selber Seeleute zu werden
und die Feinde von sich abzuwehren. Ja,*) es wäre ihnen auch er-
sprießlicher gewesen noch öfter sieben Knaben zu verlieren [163b])
als aus schwer bewaffneten, Stand haltenden Landtruppen See-
kämpfer zu werden und sich so daran zu gewöhnen häufige Landungen zum Zwecke eilfertiger**) Streifzüge zu machen und sich
dann geschwinde wieder auf ihre Schiffe zurückzuziehen und es so
für keine Schande mehr zu erachten wenn man dem Andrange der
Feinde nicht Stand hält und nicht daran sein Leben wagt, sondern
vielmehr gleich allerlei scheinbare Vorwände bereit hat um die
Waffen wegzuwerfen und eine angeblich gar nicht schimpfliche

---

*) Mit Recht nimmt Stallbaum 3. A. Anstoß an γὰρ und
schlägt die Einschiebung eines τοι vor dies Wort oder auch
die Verwandlung des letzteren in τ' ἄν vor.

**) Stallbaum und H. Müller beziehen auch das δρομικῶς
vielmehr auf ἀποχωρεῖν: „häufige Landungen zu machen und sich dann in vollem Laufe geschwinde wieder
u. s. w."

Flucht zu ergreifen. (S. 204.) Denn solche Redensarten pflegen sich im Seedienst zu bilden, die das oft unermeßliche Lob (welches man ihnen zollt) keineswegs, sondern (gerade) das Gegentheil verdienen, weil man nie an schlechte Sitten gewöhnen soll und am Wenigsten den besten Theil der Bürger, und man hätte auch schon aus Homeros entnehmen können daß ein solcher Brauch nicht lobenswerth sei. Denn Odysseus schmäht bei ihm den Agamemnon daß er die Achäer zu der Zeit da die Troer sie im Kampfe bedrängen die Schiffe ins Meer ziehen heißt, und ruft ihm die zürnenden Worte zu:*)

Der du verlangst wir sollen die wohlumruderten Schiffe
Mitten im Kampfesgewühl in das Meer ziehn, daß um so mehr
　　　　　　　　　　　　　　　　　　　　　noch
Alles erwünscht ausgienge den so schon siegenden Troern,
Aber auf uns einbräche das Schrecklichste! Denn die Achäer
Stehn nicht mehr im Gefechte, sobald wir die Schiff' in das Meer
　　　　　　　　　　　　　　　　　　　　ziehn,
Sondern sie werden zurück gleich schaun und des Kampfes ver-
　　　　　　　　　　　　　　　　　　　　gessen.
Alsdann wird dein Rath ein verderblicher, Herrscher der Völker!"

　　　　　　　　　　　　　　　　　　　　　[p. 707]

(S. 205.) Das also erkannte auch Jener, daß es vom Uebel sei wenn Dreiruderer auf der See halten, während die Schwerbewaffneten im Kampfe begriffen sind. Auch Löwen würden sich vor Hirschen zu fliehen gewöhnen, wenn sie solcherlei Bräuche annähmen. Zudem legen die Staaten deren Stärke in ihrer Seemacht besteht auch ihre Erhaltung nicht dem vorzüglichsten Theile ihrer Krieger in die Hände und ertheilen daher auch nicht diesem die (ihm für dieselben zukommenden) Auszeichnungen. Denn mit Rück-

---

*) Ilias, XIV. 96 ff. Wiedasch.

ficht auf Geschicklichkeit im Steuern, in der Leitung von Fünfzig-
ruderern und im Rudern, was Alles eben von allerlei und nicht sonderlich trefflicher Art von Leuten betrieben zu werden pflegt,
kann man die (militärischen) Auszeichnungen nicht wohl richtig
so wie sie einem Jeden zukommen vertheilen. Und wie kann es
wohl eine gute Staatsverfassung geben, in welcher dies nicht der
Fall ist?

Kleinias. Freilich ist das wohl unmöglich. Indessen heißt
es doch hier bei uns in Kreta allgemein daß der Seesieg der Griechen bei Salamis über die Barbaren Griechenland gerettet habe.

(§. 206.) **Der Athener.** Urtheilen doch die meisten Griechen und Nichtgriechen eben so. Wir aber, Freund, ich und da
unser Megillos, sind der Meinung daß von den Landschlachten bei
Marathon und Platää die erstere die Rettung von Griechenland
begonnen und die letztere sie zur Vollendung gebracht habe und
daß diese die Griechen sittlich gehoben haben, jene andern aber
nicht, um so mein Urtheil über alle Schlachten auszudehnen welche
uns damals gerettet haben, denn ich will zu dem Seesiege bei Salamis noch den bei Artemision hinzufügen. Indessen (ganz davon
abgesehen), betrachten wir auch jetzt (vielmehr) was eine Verfassung vortrefflich macht, und fassen zu dem Ende die Natur des Landes und die Anordnung der Gesetze ins Auge, indem wir keineswegs, wie die Mehrzahl der Menschen, der Meinung sind daß das
bloße Erhaltenwerden und Fortbestehen das Werthvollste für uns
ist, sondern vielmehr daß wir so tugendhaft als möglich werden
und es bleiben so lange wir sind. Auch das ist, glaube ich, (bereits) im Vorigen von uns bemerkt worden. [183])

Kleinias. Allerdings.

Der Athener. So wollen wir also das allein in Betracht
ziehen, ob wir denselben Weg welcher für die Staaten der beste ist

auch schon bei ihrer Gründung und gesetzlichen Anordnung ein=
schlagen sollen.

Kleinias. Gewiß ist das auch hiebei schon der beste Weg.

3. (§. 207.) Der Athener. So sage mir denn nun das
hieran sich Anschließende: aus was für Volk soll eure Niederlas=
sung bestehen? Kann aus ganz Kreta Jeder welcher Lust hat an
ihr Theil nehmen, wo etwa die Volksmasse in dieser oder jener
Stadt für den Ertrag des Bodens zu groß geworden ist? Oder
wollt ihr gar Jeden aus Griechenland welcher geneigt dazu ist
mitnehmen? Wenigstens sehe ich Leute aus Argos, Aegina und
aus anderen griechischen Staaten in eurem Lande angesiedelt.
Sage mir also jetzt zunächst, woher soll die Schaar [p. 708] dieser
(neuen) Bürger kommen?

Kleinias. Aus ganz Kreta, glaube ich. Von den übrigen
Griechen aber wird man, wie ich denke, vorzugsweise Peloponnesier
als Genossen aufnehmen. Denn du hast ganz recht mit deiner so
eben gemachten Bemerkung, daß Leute die aus Argos stammen
hier wohnen, wie z. B. gerade das jetzt am meisten hier in Ansehen
stehende Geschlecht, das gortynische, denn dieses hat sich von der
Stadt Gortyn im Peloponnes her übergesiedelt.

(§. 208.) Der Athener. Die Anlegung einer Kolonie
nun wird den Staaten nicht so leicht, so bald sie nicht nach Art
eines Bienenschwarmes auszieht, indem der gleiche Stamm aus
der gleichen Gegend, Freunde von Freunden, durch Mangel an
Raum oder andere derartige Uebelstände gedrängt, auswandert,
um sich (anderswo) anzusiedeln. Es begegnet nämlich ja auch daß
ein Theil der Bürgerschaft durch innere Unruhen mit Gewalt dazu
gezwungen wird sich eine neue Heimath zu suchen, ja es ist auch
wohl schon vorgekommen daß eine ganze Gemeinde, weil sie einer
mächtigeren gänzlich im Kriege unterlag, das Land verließ. In

allen diesen Fällen nun wird es einerseits leichter, andererseits aber auch schwerer sein eine Kolonie zu gründen und ihr ihre gesetzlichen Einrichtungen zu geben. (S. 209.) Denn zu einem und demselben Stamme zu gehören, welcher dieselbe Sprache redet und unter denselben Gesetzen gelebt, auch an den gleichen Heiligthümern, Opfern und allen dahin gehörenden Gebräuchen Theil hat, setzt eine gewisse Freundschaft, andere Gesetze und Verfassungen aber als die einheimischen läßt sich eine solche Schaar nicht leicht gefallen; und ist es ein Volk welches zuweilen wegen der Schlechtigkeit seiner Gesetze in Aufruhr gelebt hat und nun doch aus Gewohnheit die alten Bräuche fortzuführen sucht, durch welche es eben zuvor ins Verderben gerieth, so wird es gegen den Führer und Gesetzgeber der Kolonie halsstarrig und widerspenstig sein. Dagegen wird ein aus verschiedenartigen Bestandtheilen zu einem Ganzen zusammengeflossenes Volk zwar wohl eher geneigt sein sich neuen Gesetzen zu unterwerfen, allein dasselbe zu völligem Einklang und es dahin zu bringen daß es, wie ein Gespann (guter) Pferde, völlig vereint, wie man wohl sagt, gleichen Schritt laufe, das ist eine langwierige und schwierige Aufgabe. Indessen ist und bleibt*) Gesetzgebung und Staatseinrichtung das allervollkommenste Mittel um die Menschen zur Tugend zu erziehen.

Kleinias. Wohl richtig. Doch in welcher Absicht du wieder diese Bemerkung machtest, darüber erkläre dich noch deutlicher.

4. (S. 210.) Der Athener. Mein Guter, es scheint als ob ich bei diesem neuen Anlauf meiner Erörterung über die (Thätigkeit der) Gesetzgeber auch etwas Unvortheilhaftes von ihr

---

*) ὄντως aus Paris. A. und einigen andern guten Handschriften mit den Zürchern, Hermann, Wagner und Baiter statt οὕτως.

werbe fagen müffen, allein wenn es einmal zur Sache gehört, fo
wird es nichts weiter damit auf fich haben.   Und warum follte ich
mir auch ein Bedenken daraus machen?   Geht es doch allem An=
fcheine nach mit allen menfchlichen Verhältniffen eben fo.

Kleinias.   Was meinft du denn eigentlich?

[p. 709.] Der Athener. Ich wollte fagen daß kein Menfch
irgend ein Gefeß (willkürlich) machen kann, fondern daß allerlei
Zufälle und Umftände durch ihr Eintreten auf allerlei Art alle un=
fere gefeßlichen Einrichtungen beftimmen.   Denn bald ift es ein
Krieg welcher gewaltfam Verfaffungen umftürzt und Gefeße umge=
ftaltet, bald die drückende Armuth und Noth; und vielfach rufen auch
Seuchen und lange Zeit — oft viele Jahre hindurch — andauernder
Mißwachs*) gewaltfame Neuerungen hervor. (§. 211.) Wenn
man nun dies Alles im Voraus berechnet, fo wird man fich wohl
dazu hingetrieben fühlen auszufprechen was ich fo eben ausfprach,
daß kein Sterblicher irgend ein Gefeß macht, fondern daß alle menfch=
lichen Verfügungen ganz von den Verhältniffen abhängen, und das
Gleiche läßt fich (daher) mit gutem Anfchein auch von der Thätig=
keit des Schiffers und des Steuermanns, des Arztes und des Feld=
herrn fagen.   Gleichwohl indeffen läßt fich auch wiederum Folgen=
des von eben denfelben Dingen mit Grund behaupten.

Kleinias.   Nun?

Der Athener. Daß zwar Gott über Alles und neben Gott
Glück und Gelegenheit über alle menfchlichen Verhältniffe walten,

---

*) Es ift mir mit Wagner fehr wahrfcheinlich daß die Worte
λοιμῶν τε ἐμπιπτόντων nur eine Gloffe zu νόσοι find, und
ich habe fie daher (mit Beibehaltung des handfchriftlichen
ἀκαιρία) unüberfeßt gelaffen. Sonft ift jedenfalls ἀκαιρίας
mit Hermann, dem Wagner, Baiter und Stallbaum 3. A.
folgen, zu fchreiben.

daß jedoch, um weniger strenge zu sein, noch zugegeben werden
mag daß als Drittes auch noch (menschliche) Geschicklichkeit hinzu-
kommen müsse.   Denn wenn der Sturm uns auf sie anweist,[*])
die Kunst des Steuermanns zu Hülfe zu haben oder nicht, das
erachte ich wenigstens für einen großen Unterschied.   Nicht wahr.
so ist es?

Kleinias.   Ja.

(§. 212.) Der Athener.   Wird es sich nun nicht mit allen
andern (Künsten und Fertigkeiten) entsprechend verhalten, und mithin auch der Gesetzgebung ein Gleiches einzuräumen sein, daß nämlich, wenn alles Andere zusammentrifft was da zusammentreffen
muß wenn ein Land sich wohl befinden soll, auch noch das mit hiezu
erforderlich ist daß einem solchen Staate jedesmal ein seines Na-
mens in Wahrheit würdiger Gesetzgeber zu Theil werde?

Kleinias.   Du hast ganz Recht.

Der Athener.   Wer also eine von den genannten Kunstfertigkeiten besäße, der könnte mit Recht darum beten, es möge ihm
von Glücke Dasjenige zu Theil werden bei dessen[**]) Besitz er nur
noch seiner Kunst bedürfte?

Kleinias.   Allerdings.

Der Athener.   Und wenn nun die Meister in allen andern
von diesen vorerwähnten Künsten aufgefordert würden den Gegenstand dieses ihres Gebetes zu nennen, so würden sie sich dessen nicht
weigern?   Nicht wahr?

Kleinias.   Warum sollten sie?

---

[*]) Wegen dieser Uebersetzung vgl. Stallbaum z. d. St.

[**]) Wohl mit Recht schlagen Wagner und Stallbaum 3. A.
ὅ τι statt τι oder τί vor.

Der Athener. Und ein Gleiches, denke ich, wird auch der Gesetzgeber thun?

Kleinias. Nach meinem Dafürhalten wenigstens.

(§. 213.) **Der Athener.** Wohlan denn, Gesetzgeber, so laßt uns (daher) zu ihm sprechen, was für einen Staat und in welchem Zustande sollen wir ihn dir übergeben, damit du nach Uebernahme desselben weiterhin selber ihn genügend einrichten kannst? Was kann man nun mit Recht hierauf erwidern?

Kleinias. Die Antwort des Gesetzgebers sollen wir angeben? Nicht wahr?

Der Athener. Freilich,*) und zwar ist es folgende. Gebt mir einen Staat, wird er sagen, der von einem Tyrannen beherrscht wird. Es sei derselbe aber ein junger Mann, mit gutem Gedächtniß und guter Fassungsgabe ausgerüstet, tapfer und von Natur edelgesinnt, und was wir vorher [164a] als die nothwendig erforderliche Begleiterin von irgend welchem Theile der Tugend bezeichnet haben, das muß jetzt auch der Seele dieses Herrschers [p. 710] mitgegeben werden, wenn aus jenen anderen Eigenschaften irgend ein Nutzen hervorgehen soll.

Kleinias. Unser Gastfreund, lieber Megillos, scheint mir die Besonnenheit zu meinen. Nicht wahr?

---

*) Wir folgen mit Wagner an dieser ganzen Stelle der Personenvertheilung und Interpunktion Hermanns. Vielleicht hat jedoch Stallbaum 3. A. Recht, wenn er vorschlägt die Worte ἆρα τοῦ -νομοθέτου dem Athener zu belassen, dann aber ἦ γάρ; in τί γάρ; zu verwandeln und dem Kleinias zu geben, ναὶ jedoch ganz zu beseitigen: „hierauf erwidern? Sollen wir den Gesetzgeber folgende Antwort ertheilen lassen? **Kleinias.** Nun, welche? **Der Athener.** Diese. Gebt mir u. s. w.

(§. 214.) Der Athener. Ja wohl, aber nicht jene höhere Mäßigung und Besonnenheit welcher man den Preis zusprechen könnte wirklich die Besinnung des Geistes und also mit der Weisheit einerlei zu sein,*) sondern jene niedere, die bereits gleich an den Kindern und auch an Thieren emporblüht, indem es den einen angeboren ist daß sie unmäßig in den Genüssen, den andern aber daß sie mäßig in denselben sind; mit andern Worten, diejenige Mäßigung von der wir auch im Vorigen.¹⁶⁴ᵇ) bemerkten daß sie, abgesondert von der Menge alles dessen was Güter heißt, keinen Werth habe. Ihr versteht ohne Zweifel was ich meine.

Kleinias. Ja wohl.

Der Athener. Diese Naturgabe also muß der Tyrann zu jenen andern haben, wenn der Staat so schnell und so vollständig**) als möglich die Verfassung bekommen soll durch deren Erreichung er in den glückseligsten Zustand versetzt werden wird. Denn eine schnellere und bessere Art diese Verfassung einzuführen gibt es nicht und wird es auch wohl niemals geben.

(§. 215.) Kleinias. Wie und durch welche Gründe, Freund, kann man denn die Ueberzeugung erwecken daß man diese Behauptung mit Recht aufgestellt habe?

Der Athener. Es ist ja leicht einzusehen, Kleinias, daß es nach der Natur der Sache nicht anders sein kann.

---

*) Der Uebers. hat durch diese freiere Uebertragung, bei welcher freilich das προσαναγκάζων verloren geht, das Wortspiel zwischen σωφροσύνη und φρόνησις wiederzugeben gesucht.

**) Baiter schreibt ῥᾷστα statt ἄριστα nach Badhams Conjectur: „so schnell und leicht als möglich", was aber schwerlich nöthig ist.

Kleinias. Wie so? Du sagst doch: wenn ein Tyrann da wäre, jung, besonnen, von leichter Faffungsgabe und starkem Gedächtniß, tapfer und edelgesinnt?

Der Athener. Füge noch hinzu: und vom Glücke begünstigt, und zwar, wenn nicht in anderen Stücken, so doch darin daß es zu seiner Zeit einen ausgezeichneten Gesetzgeber gibt und daß ein glücklicher Zufall denselben an Einen Ort mit ihm*) zusammenführt. Denn wenn das geschehen ist, dann hat der Gott so ziemlich Alles gethan was von ihm herrühren muß, wenn er will daß es irgend einem Staate ausgezeichnet wohl ergehe. Minder günstig ist es wenn in einem solchen zwei derartige Fürsten zusammen regieren[165]), und so gestaltet sich die Sache immer in demselben Verhältniße um so ungünstiger und schwieriger je größer, und um so günstiger und leichter je kleiner die Zahl der Regierenden ist.

(§. 216.) **Kleinias.** Du meinst also, wie es scheint, daß aus der (sogenannten) Tyrannis der beste Staat vermöge eines ausgezeichneten Gesetzgebers und eines wohlgearteten Tyrannen hervorgehen könne, und daß unter diesen Voraussetzungen aus ihr der Uebergang in denselben am leichtesten und am schnellsten geschehen werde, in zweiter Linie aber der aus der Oligarchie. Nicht wahr? [Und an dritter Stelle endlich steht der aus der Demokratie?]**)

Der Athener. Keineswegs, sondern an erster Stelle steht

---

*) αὐτῷ aus den besten Handschriften mit Schneider, Hermann, Wagner, Baiter, nicht αὐτῶ, f. Schramm part. II. p. VII.

**) Die in Parenthese geschlossenen Worte sind mit Recht bereits von Hermann, nach ihm Wagner und Baiter, verdächtigt, und auch Stallbaum 3. A. ist diesem Urtheile beizutreten nicht abgeneigt.

der aus der Tyrannis, an zweiter aus einem Königthume [156]), an
dritter aus einer Demokratie. Die Oligarchie endlich viertens
wird die Entstehung eines solchen Staates am schwierigsten zulassen,
weil in ihr die meisten Machthaber sind. [157]) Ich behaupte nämlich daß eine solche dann eintreten wird wenn ein ächter Gesetzgeber,
den die Natur selber dazu gestempelt hat, vorhanden ist und die
obersten Machthaber des Staates eine Gemeinschaft mit ihm eingehen
welche ihm ihre eigene Gewalt leiht. [p. 711] Wo nun diese Gewalt in den wenigsten Händen, aber (eben deßhalb) am stärksten
ist — und dies ist eben in der Tyrannis der Fall — da und unter
solchen Umständen wird die Staatsumwandlung leicht und schnell
von Statten gehen.

(§. 217.) Kleinias. Wie so? Wir verstehen dich nicht.

Der Athener. Und doch meine ich hierüber schon mehr als
einmal mich ausgesprochen zu haben. [158]) Ihr habt aber vielleicht
überhaupt noch nicht einen von einem Tyrannen beherrschten Staat
gesehen?

Kleinias. Auch trage ich für meine Person gar kein Verlangen nach diesem Anblick.

Der Athener. Und doch würde dir aus ihm gerade das
einleuchten was ich jetzt eben behauptete.

Kleinias. Nun was denn?

Der Athener. Daß ein Tyrann welcher die Bräuche seines Staates umzuwandeln beabsichtigt dazu durchaus keiner An-
strengungen noch auch gar langer Zeit bedarf, sondern daß er nur
(selber) zuerst den Weg zu betreten braucht auf welchem er die
Bürger sei es zum Streben nach der Tugend sei es zum Gegentheile hinführen will, und durch seinen eigenen Vorgang im Handeln in allen Stücken das Muster aufstellt und das Eine zu Lob
und Ehre, das Andere aber zu Tadel und Schande bringt, so daß

2*

von der letzteren bei jeder ihrer Handlungen Diejenigen betroffen werden welche ihm nicht nachfolgen.

(§. 218.) Kleinias. Ich glaube selber beinahe*) daß die andern Bürger bald Demjenigen nachfolgen werden welcher neben einer solchen Art von Ueberredung auch noch Gewalt in den Händen hat.

Der Athener. Niemand soll uns glauben machen, Freunde, daß auf eine andere Weise als durch den Voraufgang und die Führung seiner Machthaber je ein Staat leichter und schneller eine Umgestaltung seiner Gesetze zu Stande bringen kann weder heutzutage noch auch in Zukunft; und es kann dies (auf diese Art) uns weder für unmöglich noch auch nur für schwierig gelten. Aber das hält schwer und ist demzufolge während langer Zeit auch nur selten begegnet; wenn es aber eintritt, dann verschafft es dem Staate, in welchem immer es Platz greift, unzählig viel, ja alles mögliche Gute.

Kleinias. Nun, was meinst du?

(§. 219.) Der Athener. Daß einmal eine gottgesandte Liebe zu einer besonnenen und gerechten Lebensweise in großen Machthabern, mögen sie nun als Monarchen oder kraft der Größe ihres Reichthums oder des Adels ihres Geschlechtes herrschen, lebendig wird, oder daß einmal Jemand wieder den Charakter des Nestor in sich ins Dasein riefe, von dem es heißt daß er nicht bloß durch die Stärke seiner Beredtsamkeit, sondern noch viel mehr durch

---

*) Nach Schneider und Wagner: πως für πῶς mit Tilgung des Fragezeichens; auch ist zugleich mit Stallbaum, wie auch Wagner anerkennt, der Indicativ οἰόμεϑα statt οἰώμεϑα zu schreiben, der nach Baits Angabe auch im Paris. A. steht.

Besonnenheit und Mäßigung sich vor allen Menschen ausgezeichnet habe. Das hat sich, sagt man, zu Trojas Zeit zugetragen, heutzutage aber gibt es keinen Nestor mehr. Hat aber jemals ein solcher gelebt oder sollte er später wiederum leben oder doch jetzt unter uns leben, so führt nicht bloß er selber ein glückseliges Dasein, sondern auch Die welche die Lehren der Besonnenheit aus seinem Munde vernehmen. (§. 220.) Ueberhaupt gilt aber auch von jeder Regierung die gleiche Behauptung, [p. 712] daß die Entstehung der besten Verfassung und der besten Gesetze nur dann eintritt wenn die größte Macht mit (der größten) Weisheit und Besonnenheit in derselben Person sich vereinigt, sonst aber niemals. Das mag uns denn also wie ein Orakel aus alter heiliger Sage und als eine bewiesene Sache gelten, daß es einerseits schwierig sei einen Staat mit einer guten Gesetzgebung auszurüsten, andererseits aber auch, wenn das von uns Geforderte wirklich eintritt, dies bei Weitem gerade das am allerleichtesten und allerschnellsten Auszuführende ist.

Kleinias. Gut.*)

Der Athener. Versuchen wir (also) gleichwie Knaben**) (es in Wachs oder dergleichen thun), so als Greise in Worten zu bilden und die Gesetze auszuprägen welche wir deinem neuen Staate anpassen wollen.

---

*) Die Handschriften und Ausgaben haben πῶς; aber eine solche Frage des Kleinias ist hier um so weniger am Orte als sie nicht bloß ohne Antwort bleibt, sondern der Athener sogar wie nach abgemachter Sache zur Hauptfrage selbst übergeht. Dies beweist daß vielmehr eine Zustimmungsformel, etwa καλῶς, das Richtige ist. Vgl. Jahns Jahrb. LXXXIII. S. 137.

**) παῖδες aus Paris. A. statt παῖδα mit Stallbaum 2. und 3. A., Hermann, Wagner und Baiter.

Kleinias.   Gehen wir daran und zaubern nicht länger.

5. (S. 221.) Der Athener.   So laßt uns denn Gott um seinen Beistand bei der Errichtung dieses Staatsgebäudes anflehen. Möge er uns erhören und uns gnädig und huldvoll nahe sein, um uns den Staat und die Gesetze in Ordnung bringen zu helfen!

Kleinias.   Möge er uns nahen (mit dieser seiner Hülfe)!

Der Athener.   Nun, welche Verfassung haben wir denn im Sinne dem Staate vorzuschreiben?

Kleinias.   Was willst du denn damit sagen? Erkläre dich darüber noch deutlicher.*) Soll das heißen: Demokratie, Oligarchie, Aristokratie oder Königthum? Denn an eine Tyrannis, möchten wir glauben, denkst du doch wohl nicht?

Der Athener.   Wohlan denn, wer von euch Beiden will zuerst antworten und mir von der Verfassung seiner Heimat sagen zu welcher von diesen Regierungsformen sie gehört?

Megillos.   Da ist es denn wohl billig daß ich als der Aeltere zuerst spreche.

Kleinias.   Ich denke.

(S. 222.) Megillos.   Wenn ich denn die in Lakedämon bestehende Verfassung überdenke, so bin ich außer Stande dir so ohne Weiteres anzugeben zu welcher von ihnen man sie zu rechnen hat. Scheint sie mir doch sogar von einer Tyrannis Etwas an sich zu haben, denn die Gewalt der Ephoren ist ein Bestandtheil von ihr, der erstaunlich viel Tyrannisches in sich trägt [169]); und dann scheint es mir zuweilen wieder als ob keiner unter allen Staaten so sehr einer Demokratie gleichsehe [170]), und wiederum wäre es nicht ungereimt

---

*) Gegen das von Ast und den Zürchern aufgenommene λέγειν βουληθείς φράζ statt λέγεις βουληθείς; φράζ s. die Vorreden von Hermann und Baiter.

sie durch und durch eine Aristokratie zu nennen [171]); endlich besteht auch die lebenslängliche königliche Gewalt in ihr, und zwar seit längerer Zeit her als irgend ein anderes Königthum, wie dieß nicht bloß von uns selber behauptet, sondern auch von aller Welt zugegeben wird. Ich kann daher, wie gesagt, auf eine so plötzliche Frage wirklich nicht mit Bestimmtheit angeben was für eine von jenen Verfassungen die unsrige ist. [172a])

(§. 223.) Kleinias. Auch ich *) befinde mich, wie es scheint, mit dir im gleichen Falle, Megillos. Denn auch ich bin ganz in Verlegenheit, zu welcher von jenen Verfassungen ich unsere knosische mit Bestimmtheit zählen soll. [172b])

Der Athener. Das kommt daher, Beste, weil ihr im Besitze wirklicher Staatsverfassungen seid [173]), während die eben angeführten keine Staatsverfassungen sind, sondern nur das Zusammenwohnen von Leuten in einem Staate bezeichnen, von denen der eine Theil Herren, der andere Sklaven des anderen sind, wo denn das Ganze nach der Macht des ersteren [p. 713] seinen Namen erhält, da doch, wenn ein Staat nach so Etwas benannt werden sollte, man ihn vielmehr nach dem Namen des Gottes benennen müßte welcher der wahre Beherrscher Derer ist die in diesen Dingen die (wahre) Vernunft besitzen. [174])

Kleinias. Welches ist dieser Gott?

Der Athener. Sollen wir noch ein wenig den Mythos und die Sage zu Hülfe nehmen, um auf diese Frage die richtige Antwort zu finden?

Kleinias. Muß es denn auf diese Weise geschehen?

---

*) κἀγὼ φαίρομαι für καταφαίρομαι, eine sehr wahrscheinliche Vermuthung Hermanns, die auch Wagner zu billigen geneigt ist und Stallbaum 3. A. „nicht übel" findet.

6. (S. 224.) Der Athener. Ja freilich.*) Denn bedeutend früher noch als die Staaten deren Bildung wir zuvor durchgiengen entstanden sollen unter Kronos [175] Regierung wie Bürgerschaft in einem überaus glücklichen Zustande gelebt haben, von welchem auch der bestverwaltete unter den heutigen Staaten nur ein schwaches Abbild darbietet.

Kleinias. Gar sehr dürfte es also allem Anschein nach nöthig sein hierüber zu hören.

Der Athener. Mir wenigstens scheint es so, deßhalb habe ich es auch eben zur Sprache gebracht.

Kleinias.**) Und du hast ganz recht daran gethan, und wirst es auch daran thun wenn du uns den weitern Verlauf der Sage, so weit er unsern Zwecken dient, vollständig erzählen willst.

(S. 225.) Der Athener. Es soll geschehen wie ihr wünscht. Die Sage erzählt uns von dem seligen Leben der damaligen Menschen und berichtet uns daß ihnen Alles in reicher Fülle und ganz von selber gedieh, und daß Folgendes der Grund davon gewesen sei. Kronos nämlich wußte wohl, was auch wir bereits ausgeführt haben [176]), daß auch nicht Eine***) sterbliche Art stark genug dazu sei alle menschlichen Angelegenheiten aus eigener Machtvollkommenheit zu verwalten, ohne sich dabei mit Frevel und Ungerechtigkeit zu beflecken. Indem er daher dies in Erwägung zog, setzte er

_____

*) Wir folgen in der Vertheilung dieser und der zunächst voraufgehenden Worte unter die Personen Schneider, dem sich auch Wagner anschließt.

**) Nach Böckh (p. 166) mit Baiter und Hermann, während die Handschriften vielmehr den Megillos hier reden lassen. Stephanus und Bekker geben statt dessen auch die obigen Worte „Gar sehr u. s. w." dem Megillos.

***) οὐδὲ μία aus den beiden besten Handschriften Paris. A. und Vatic. Ω statt οὐδεμία mit Stallbaum 3. A.

damals*) zu Königen und Herrschern über die Staaten nicht Menschen, sondern Wesen von besserer und göttlicherer Abkunft, nämlich Dämonen, gerade wie wir jetzt es bei den Schafen und allen andern Heerden zahmer Thiere machen, indem wir bei ihnen nicht
etliche Rinder über die Rinder und etwelche Ziegen über die Ziegen
zu Hütern bestellen, sondern wir selbst ihre Leitung übernehmen,
als Wesen von besserem Geschlechte denn sie. (S. 226.) Eben so
machte es**) also auch der Gott und setzte in seiner Menschen-
freundlichkeit damals***) ein edleres Geschlecht über uns, das der
Dämonen, welches uns die Mühe dafür abnahm und doch selbst sich
keiner großen Mühe damit unterzog, und so durch seine Fürsorge
für uns Frieden, sittliche Scheu, Gesetzlichkeit und die Fülle der
Gerechtigkeit bei uns heimisch und die Geschlechter der Menschen
von innerem Zwiste frei und glücklich machte. Und so verkündet uns
denn diese Sage noch heutzutage die Wahrheit daß es für alle Staaten
deren Herrscher nicht ein Gott, sondern ein Sterblicher ist, keine Möglichkeit gibt Leiden und Mühen zu entfliehen; und sie lehrt uns daß
wir auf jede Weise vielmehr das Leben welches unter Kronos ge-
herrscht haben soll nachahmen und dem Unsterblichen, so viel dessen

*) ἐφίστη τότε statt des bloßen ἐφίστη aus Julian. ad The-
mist. p. 258, mit Schramm III. p. 16, Hermann, Wagner,
Baiter, um so mehr da auch die beiden besten Handschriften
nach Bekkers Zeugniß ἐφίστη το haben.

**) ἕδρα für ἄρα nach der Conjectur von Schramm a. a. O.,
doch fehlt ἄρα καὶ bei Julian am a. a. O. ganz, kann auch
recht wohl aus bloßer Dittographie entstanden sein und
wird daher von Ast gestrichen, von Hermann, Wagner und
Baiter eingeklammert: „Ebenso also setzte auch der Gott"
u. s. w.

***) Mit Recht hat Hermann τότε γένος statt τὸ γένος aus Ju-
lian a. a. O. geschrieben.

in uns ist, [p. 714] in der Verwaltung von Privat= und öffentli=
chen Angelegenheiten, Häusern und Staaten Folge leisten und die
Satzungen der Vernunft zu Gesetzen erheben müssen. (§. 227.) Wo
hingegen ein einzelner Mensch oder eine Oligarchie oder auch De=
mokratie, von allen möglichen Lüsten und Begierden getrieben und
nach steter Erfüllung derselben begierig und doch immer leer und
mit' einem unheilbaren und unersättlichen Uebel*) behaftet, über
einen Staat oder (auch nur) einen Einzelnen die Herrschaft aus=
übt, da treten sie dann alle Gesetze mit Füßen, und es bleibt, wie
gesagt, kein Mittel zur Rettung. Es ziemt sich also für uns,
Kleinias, in Betracht zu ziehen ob wir dieser Sage glauben und
folgen oder anders handeln wollen.

Kleinias. Gewiß muß man ihr glauben und folgen.

(§. 228.) Der Athener. Du weißt nun daß Manche be=
haupten, es gebe so viele Arten von Gesetzen als von Verfassun=
gen und Regierungsformen, und die gewöhnlich angenommenen
Arten der letzteren habe ich so eben berührt. Glaube nun nicht
daß meine Abweichung von dieser Meinung etwas Geringes be=
treffe, sondern es handelt sich bei ihr gerade um den Hauptpunkt,
denn die Frage nach welchen Gesichtspunkten man Recht und Un=
recht zu bestimmen hat kommt hiemit jetzt wiederum in Betracht.
Nämlich nach dieser Meinung würden die Gesetze weder aus dem
Gesichtspunkte des Krieges noch auch der gesammten Tugend zu
entwerfen sein [137]), sondern lediglich den Vortheil der einmal be=
stehenden Verfassung, wie dieselbe auch immer beschaffen sei, im

---

*) νοσήματι ist wohl mit Recht von Hermann, Wagner und
Baiter in Parenthese geschlossen, von Ast vielmehr κακῷ.

Auge haben*) müssen, damit sie stets herrschend bleibe und nie umgestoßen werde, und es würde hiernach die naturgemäße Bestimmung des Rechts am richtigsten die folgende sein.

Kleinias. Nun?

Der Athener. Daß es der Vortheil des Stärkeren sei.

Kleinias. Erkläre dich noch etwas deutlicher.

(§. 229.) Der Athener. So höre denn. In jedem Staate, sagen die Vertreter dieser Ansicht, gibt doch wohl der herrschende Theil die Gesetze? Ists nicht so?

Kleinias. Du hast Recht.

Der Athener. Glaubst du also, sagen sie weiter, daß wer auch die höchste Gewalt in die Hände bekommen hat, sei es das Volk oder sonst eine Zahl von Herrschern oder auch ein Tyrann, aus freiem Antriebe nach einer andern vorwiegenden Rücksicht Gesetze geben werden als nach der was ihnen zur Erhaltung ihrer Herrschaft frommt?

Kleinias. Wie sollte es anders zugehen?

Der Athener. Und wird nicht Der welcher diese Verordnungen gab Den welcher sie übertritt als einen Verletzer des Rechts bestrafen und eben dies als eine Forderung des Rechts bezeichnen?

Kleinias. Wahrscheinlich.

Der Athener. Deßwegen also wird es stets so und in dieser Weise mit dem Rechte stehen.

Kleinias. So behauptet wenigstens diese Lehre.

**) ἰδεῖν für δεῖν nach Schneiders und Badhams Verbesserung mit Hermann, Wagner und Baiter.

(§. 230.) Der Athener. Es ist dies nämlich einer von jenen Ansprüchen*) auf Herrschaft.

Kleinias. Von welchen?

Der Athener. Von benen welche wir bamals anführten, als wir untersuchten wer ba unb über wen er herrschen solle. Da stellte es sich nämlich ja heraus baß Eltern über Kinder, Aeltere über Jüngere, Eble über Gemeine zu herrschen haben. Unb so gab es noch mehrere Ansprüche, wenn ihr euch beffen erinnert, unb sie traten einanber in den Weg. [p. 715] Unb einer von ihnen war eben dieser, unb wir sagten von ihm baß Pinbaros nach seinem Ausspruche die größte Gewalt der Natur gemäß zum Recht erho= ben unb als solches eingeführt sehen wolle. [178])

Kleinias. Ja, so wurde bamals gesagt.

Der Athener. Siehe nun zu, welchem von Beiden (der Gewalt ober dem Rechte) wir unseren Staat in die Hände geben sollen. Denn schon tausenbfach ist es in manchen Staaten be= gegnet . . .

Kleinias. Nun?

7. (§. 231.) Der Athener. Daß, nachdem um die Herr= schaft Streit entstanden war, die sfiegenbe Partei die Verwaltung bes Staates so ausschließlich in ihre Hände brachte baß sie der unterliegenben zusammt ihren Nachkommen auch nicht den gering= sten Antheil an der Herrschaft übrig ließ, unb baß sie sobann ein= anber fort unb fort beobachten, auf baß nicht ein mal irgend Einer sich erhebe unb zur Herrschaft gelange, um bann die früher erlittene Unbill zu rächen. Von solchen Verfassungen behaupten wir jetzt

---

*) ἀξιωμάτων für ἀδικημάτων nach. der Verbefferung von Schultheß mit Ast unb Hermann, was auch Stallbaum 3. A. billigt.

daß es gar keine ſind, eben ſo wenig wie Das wahrhafte Geſetze ſind die nicht für das gemeinſame Beſte des ganzen Staates gegeben wurden. Solche bloß zu Gunſten Einzelner entworfene Geſetze nennen wir vielmehr Parteiſatzungen, und nicht Staatsgeſetze *), und alles nur auf ſie gegründete angebliche Recht ein leeres Gerede. (§. 232.) Das Alles ſage ich in der Abſicht, damit wir in deinem Staate Niemandem darum die Herrſchaft geben weil er reich iſt oder irgend ein anderes von dieſer Art Gütern beſitzt, Stärke oder Größe oder Adel des Geſchlechts [179]), ſondern wer den gegebenen Geſetzen am gehorſamſten bleibt und dieſen Sieg im Staate erſicht, dem, behaupten wir, müſſe man auch die oberſte Bedienung der Geſetze **) übertragen, und in zweiter Stelle Dem welcher der zweite Sieger hierin iſt, und ſo weiter nach dieſem Verhältniß auch alle folgenden Stellen vertheilen. Diener der Geſetze habe ich jetzt Die genannt welche ſonſt Herrſcher und Obrigkeiten heißen, nicht um einer Neuerung im Namen willen, ſondern weil ich die Anſicht hege daß vor Allem darin daß ſie dies ſind (oder nicht ſind) das Heil oder Verderben des Staates beruhe. Denn einem Staate in welchem das Geſetz unter der Willkür der Herrſcher ſteht und ohne Gewalt iſt ſehe ich den Untergang bevorſtehen; wo es dagegen Herr iſt über die Herrſcher und ſie Sklaven des Geſetzes ſind, da ſehe ich Wohlſtand und alle die Güter erblühen welche die Götter Staaten verleihen.

---

*) στασιώτας ἀλλ᾽ οὐ πολίτας aus den beſſern Handſchriften mit Schneider und Wagner ſtatt στασιωτείας ἀλλ᾽ οὐ πολιτείας.

**) θεσμῶν für θεῶν nach Orellis auch von Stallbaum 3. A. empfohlener Verbeſſerung mit Wagner und H. Müller, welches diplomatiſch näher liegt als die von Aſt, welche auch Baiter aufgenommen hat, νόμων.

(§. 233.) Kleinias. Ja, beim Zeus, Freund, bei deinem Alter hast du noch ein scharfes Auge.

Der Athener. Für dergleichen Dinge hat Jedermann in seiner Jugend den schwächsten, im Alter aber den schärfsten Blick.

Kleinias. Sehr wahr.

Der Athener. Was machen wir jetzt weiter? Wollen wir nicht annehmen, die Ansiedler seien schon da und vor uns gegenwärtig, so daß wir die folgende Anrede an sie halten können?

Kleinias. Warum nicht?

Der Athener. Männer, wollen wir also zu ihnen sagen, der Gott welcher, wie auch ein alter Spruch besagt[180]), Anfang, [p. 716] Mitte und Ende aller Dinge umfaßt, geht immer den geraden Weg, weil er stets der Natur gemäß unwandelbar seine ewige Bahn verfolgt[181]), und ihn geleitet stets die Gerechtigkeit, welche Alle bestraft die das göttliche Gesetz überschreiten.[182]) (§. 234.) An sie schließt sich an wer glückselig werden will und folgt ihr in Demuth und Sittsamkeit. Wenn*) aber Einer sich aus Hoffart überhebt, auf Reichthum, Ehre oder Körperschönheit stolz, und aus Jugend und Unverstand zugleich in Uebermuth entbrennt, als wenn er keines Beherrschers noch Führers bedürfte, sondern sogar selber Andere zu leiten befähigt wäre, so wird er von Gott sich allein überlassen, und so führt er denn von ihm geschieden und mit Anderen seinesgleichen, die er an sich gezogen**), vereint ein zügelloses Leben und richtet alle möglichen Verwirrungen an. Vielen scheint er dann ein rechter Held zu sein, nach

---

*) εἰ statt ὁ aus Theodoret. Gr. Cur. VI. p. 855 und Cedren. Hist. comp. p. 159 nach Böckh p. 54, mit allen neueren Herausgebern außer Bekker und den Zürchern.

**) Vgl. unten V. §. 261.

nicht gar langer Zeit aber fällt er der Gerechtigkeit zur gebühren=
den Strafe anheim und richtet so sich selbst und Haus und Staat
völlig zu Grunde. Was soll denn nun nach solcherlei Ordnungen
ein Verständiger thun und denken und was nicht?

Kleinias. Nun, offenbar muß Jedermann darauf denken
Einer von Denen zu werden die Gott nachfolgen wollen.

8. (§. 235.) Der Athener. Welche Handlungsweise ist
nun Gott wohlgefällig und Nachfolge Gottes? Nur Eine und in
Einem alten Sprüchwort ausgedrückte, (nämlich in dem) daß Gleich
und Gleich sich gerne gesellt und mithin einander wohlgefällt, wenn
anders es nämlich das richtige Maß in sich hat, wogegen das
Maßwidrige weder mit einander noch mit dem Maßvollen sich ver=
trägt. Gott nun dürfte wohl vornehmlich das Maß aller Dinge
für uns sein, und weit mehr als so ein Mensch, wie dies Einige[187])
wollen. Wer also Gott wohlgefällig werden will muß sich nach
allen Kräften ihm` möglichst gleich zu werden bemühen, und wer
von uns mäßig und besonnen ist, der ist eben hiernach Gott wohl=
gefällig, denn er gleicht ihm; wer aber das Gegentheil, der ist ihm
unähnlich und lebt im Widerstreit mit ihm und ist ihm verfeindet*);
und entsprechend verhält es sich auch mit allen anderen Tugenden
und Lastern. (§. 236.) Und nun laßt uns beachten daß hieran ein
anderes Wort, und ich glaube das schönste und wahrste aller Worte,
sich anreiht, nämlich daß es für einen guten Menschen die edelste
und herrlichste Pflicht und das höchste Förderungsmittel zum glück=
seligen Leben und demnach auch ganz vorzugsweise angemessen ist
zu opfern und durch Gebete und Weihgeschenke und überhaupt

---

*) Daß ἄδικος nicht richtig sein kann hat Stallbaum 3. A.
    gut nachgewiesen; wir übersetzen nach seinem Vorschlage
    ἄφιλος.

burch den ganzen Gottesbienst des Umgangs mit den Göttern zu
pflegen, für einen schlechten Menschen aber gerade das Gegentheil.
Denn unrein ist die Seele des Lasterhaften und rein die des Tu=
gendhaften, und von einem Unreinen Geschenke anzunehmen ist we=
der für einen guten Menschen noch auch für einen Gott.[p. 717]
jemals geziemend. Vergeblich ist also die viele Mühe welche die
Gottlosen sich um die Götter machen, die der Frommen aber findet
stets bei ihnen eine gute Statt.[184] Dies also ist das Ziel welches
wir treffen sollen. (§. 237.) Was aber werden wir (um in diesem
Bilde zu bleiben) am richtigsten als die auf dasselbe entsendeten
Geschosse und als die Art ihrer Entsendung zu bezeichnen haben?
Wenn man, antworten wir, zuvörderst den olympischen Göttern
und den Schutzgöttern des Staates und nächst ihnen den unterir=
bischen die gebührenden Ehren erweist und, diesen Opferthiere
in gerader Zahl und von geringerem Range, und zwar die linken
Theile derselben, jenen vorerwähnten höheren Gottheiten aber
Opfer in ungerader Zahl und von entgegengesetzter Beschaffenheit
barbringt, so dürfte man am sichersten das richtige Ziel der Got=
tesverehrung treffen.[185] Nächst diesen Göttern aber wird ein Ver=
ständiger auch den Dämonen und nach ihnen den Heroen ihre Eh=
ren erweisen, und darauf folge denn*) die Privatverehrung bei den
Bildern der ererbten Geschlechtsgottheiten[186] nach den Vorschrif=
ten des Gesetzes[187], sobann aber die Verehrung der Eltern, wenn
sie noch am Leben sind, denen**) es heilige Pflicht ist die ersten
und größten und die ältesten aller Schulden abzutragen und dafür
zu halten daß Alles was man hat und besitzt Denen angehöre die

---

*) ἐπακολουθοῖ aus den besseren Handschriften statt ἐπακο-
λουθεῖ mit Hermann, Schneider, Wagner, Baiter.

**) οἷς für ὡς aus Ficinus mit Hermann und Baiter.

uns erzeugt und aufgezogen haben, und man es nach allen Kräften zu ihrem Dienste bereit halten müsse, zuerst das Vermögen, dann die Kräfte des Körpers und zum Dritten die der Seele¹⁸⁶), und daß man so das alte Darlehen von Sorge und Schmerz, welche sie einst im Uebermaße in unserer Jugend für uns aufgewandt, ihnen wiedererstatte und (zumal) in ihrem hohen Alter, wo sie dessen so sehr bedürfen, hiezu verpflichtet sei. (§. 238.) Während seines ganzen Lebens ferner muß man sich einer steten besonderen Ehrerbietung im Reden gegen seine Eltern befleißigen; denn so leicht und rasch ein (unehrerbietiges) Wort auch herausgestoßen ist, so trifft dasselbe dennoch die schwerste Strafe, indem Nemesis (Ahndung), die Botin der Dike (Gerechtigkeit), als Aufseherin über alle solche Vergehungen bestellt ist. Wenn also Eltern zornig werden und ihren Zorn sei es in Worten oder Werken auslassen, so muß man es ihnen zu Gute halten und bedenken daß naturgemäß vor Allen ein Vater der von seinem Sohne beleidigt zu sein glaubt auf das Aeußerste erbittert werden muß. Sind aber die Eltern gestorben, so ist ein bescheidenes Grabdenkmal das beste, indem man dabei das Maß derer nicht überschreitet, aber auch nicht hinter demselben zurückbleibt, wie sie unsere Vorväter ihren Erzeugern zu errichten pflegten; und ebenso darf man auch die jährlichen Gedächtnißfeste zu Ehren derer die schon vollendet haben nicht verabsäumen und muß vielmehr dadurch vorzugsweise daß man überhaupt Nichts unterläßt ihr Andenken immerfort zu erneuern, ihnen seine Ehrfurcht bezeugen, [p.718] indem *) man zu diesem Zwecke einen mäßigen Aufwand aus den uns verliehenen Glücksgütern für die dahingegangenen

---

*) τὸ hinter δαπάνης fehlt bei Stob. Serm. CXXVII. p. 457 und ist mit Recht von Stallbaum eingeklammert und von Ast gestrichen.

Platon IV. 11. Bdchn.   3

nicht scheut. (§. 239.) Wenn wir dies thun und diesen Grundsätzen nachleben, so wird ein Jeder von uns stets von den Göttern und allen jenen über unsere Natur erhabenen Wesen [189]) würdigen Lohn davontragen und die größte Zeit seines Lebens in schönen Hoffnungen zubringen. Was man aber gegen Kinder, Verwandte, Freunde, Mitbürger und in der [von den Göttern anbefohlenen]*) Bewirthung und Pflege von Fremden zu leisten und wie man mit ihnen allen zu verkehren hat, um dadurch nach der Anleitung des Gesetzes sein Leben zu erheitern und zu verschönern, das Alles haben die Gesetze ausführlich darzulegen und müssen dazu zu überreden suchen, für diejenigen Charaktere aber welche dieser Ueberredung nicht nachgeben Zwang und Strafe auf dem Wege Rechtens bereit halten; und so werden sie unter dem Beirathe der Götter [190]) unserem Staate Glück und Heil verschaffen.

(§. 240.) Nachdem ich nun so von Dem was ein Gesetzgeber, welcher wie ich denke nothwendigerweise vortragen muß, aber in der Form eines Gesetzes nicht füglich vortragen kann, (vorerst) für ihn selbst**) sowie für Die welche seine Gesetze empfangen sollen eine Probe gegeben habe, scheint es mir daß ich erst nachdem ich auch alles Uebrige (was dahin gehört) nach Kräften zum Ausdruck gebracht wirklich die Gesetzgebung zu beginnen habe. In welcher Form wird sich nun aber dies Alles zum Ausdruck bringen lassen? Gewiß ist es nicht leicht es in einen raschen Umriß zusammenzudrängen, indessen wollen wir auf folgende Weise einen festen Punkt zu erfassen suchen.

---

*) Die eingeklammerten Worte sind vielleicht nicht mit Unrecht, wie auch Wagner urtheilt, von Ast verdächtigt worden.

**) Muß es nicht αὐτῷ statt αὑτῷ heißen? Dasselbe vermuthet, freilich aus unhaltbaren Gründen, H. Müller.

Kleinias. Nun? Sprich.

Der Athener. Ich wünschte daß die Bürger so willig als möglich zur Tugend werden, und es ist (auch) klar daß jeder Gesetzgeber durch seine ganze Gesetzgebung eben dies zu bewirken versuchen wird.

Kleinias. Allerdings.

9. (§. 241.) Der Athener. Gerade das so eben Vorgetragene nun, dachte ich, würde, wenn es nicht auf ganz rohe Herzen stieße, etwas zur Durchführung seiner Vorschriften oder doch wenigstens dazu beitragen daß man ihn milder und wohlwollender anhöre, und wenn dann Das was er sagt auch nicht um Vieles, sondern nur um Weniges den Zuhörer eben in Folge dieser ihm eingeflößten wohlwollenderen Gesinnung auch wohlgelehriger macht, so muß man schon zufrieden sein. Denn es finden sich nicht sehr leicht und nicht in Fülle Leute welche darauf aus sind es so weit als möglich in der Tugend zu bringen und dies so schnell als möglich zu erreichen; vielmehr beweist die große Mehrzahl daß Hesiodos weise war, wenn er meinte*) daß der Weg zum Laster eben sei und sich ohne Schweiß wandeln lasse, weil er gar kurz sei,

Doch vor die Trefflichkeit setzten den Schweiß die unsterblichen Götter;
Lang auch windet und steil die Bahn zur Tugend sich aufwärts,
Und sehr rauh im Beginn: doch wenn du zur Höhe gelangt bist,
[p. 719]
Leicht dann wird sie hinfort und bequem, wie schwer sie zuvor war.

Kleinias. Ja, er mag wohl Recht haben.

(§. 242.) Der Athener. Gewiß. Doch wozu die voraufs

---

*) Werke und Tage, V. 286 ff. (nach Voß).

3*

gehende Anrede mir gedient hat möchte ich euch (deutlicher) vor
Augen legen.

Kleinias. So thue es denn.

Der Athener. Wir wollen diese Darlegung in ein Ge-
spräch mit dem Gesetzgeber einkleiden. Reden wir ihn also folgendermaßen an: sage uns, Gesetzgeber, wenn du wüßtest was wir
thun und reden sollen, so würdest du es sicher uns kund thun.

Kleinias. Nothwendigerweise.

Der Athener. Haben wir nun nicht erst vor einer kleinen
Weile von dir gehört [101]), der Gesetzgeber dürfe die Dichter nicht
thun lassen was ihnen beliebe? Denn sie hätten kein Urtheil darüber, in wie weit sie mit ihren Schöpfungen etwa gegen die Gesetze
verstießen und dem Staate Schaden brächten.

Kleinias. Du hast ganz Recht.

Der Athener. Wenn wir nun rücksichtlich der Dichter
ihm Folgendes bemerkten, würde es angemessen sein?

Kleinias. Nun was?

Der Athener. Dies. Es ist ein altes Wort, lieber Gesetzgeber, welches wir selber bei jeder Gelegenheit geltend machen
und das uns auch alle Anderen gelten lassen, daß ein Dichter dann
wenn er auf dem Dreifuß der Muse sitzt seines Bewußtseins nicht
mächtig ist, sondern wie ein Quell ungehemmt hervorsprudeln läßt
was da hervorsprudeln will. (§. 243.) Und weil seine Kunst eine
nachahmende ist, so sei er gezwungen, wenn er Leute von ganz ent-
gegengesetzten Charakteren darstellt, sie oft Dinge sagen zu lassen
durch welche er in Widerspruch mit sich selber geräth, und zwar
ohne zu wissen ob Dies oder Jenes hievon die Wahrheit ist. Dem
Gesetzgeber dagegen ist es nicht gestattet eben dies in einem Gesetze
zu thun, nämlich sich zwiefältig über einen (und denselben) Gegenstand auszusprechen, sondern er muß sich über einen (und den-

selben) Gegenstand auch in einer (und derselben) Weise erklären.
Beurtheile nun hienach das so eben von dir selbst Gesagte.*) Da
es nämlich eine dreifache Bestattungsweise gibt, eine übermäßig
prächtige, eine karge und eine mäßige, so hast du einfach die eine
von ihnen, nämlich die mittlere, auserlesen und sie vorgeschrieben
und anempfohlen; ich (als Dichter) hingegen würde, wenn in
einem meiner Gedichte z. B. eine Frau von bedeutendem Reich=
thum vorkäme und ihre Bestattung anordnete, ein prächtiges Be=
gräbniß rühmen; ein sparsamer oder armer Mann wird dagegen
(bei mir) die dürftige, und wer endlich ein mäßiges Vermögen be=
sitzt und selber mäßig ist sich auch eben solche Beerdigungsweise
loben. Du aber darfst (auch) nicht (einmal) so dich ausdrücken
wie du so eben thatest, indem du die mäßige vorschriebst, sondern du
mußt genauer bestimmen was und wie viel das Mäßige ist, und dir
ja nicht einbilden daß eine solche Redeweise (wie du sie führtest)
schon ein Gesetz werden könne. [192])

    Kleinias. Du sprichst sehr wahr.

    10. (S. 244.) Der Athener. Soll also der von uns mit
der Gesetzgebung Beauftragte nicht (trotzdem) den Gesetzen so Et=
was vorauffchicken**)? Oder soll er gleich von vorne herein anbe=
fehlen was man thun und unterlassen soll, und die Strafe (für die
Uebertretung) androhen, und dann [p. 720] (sofort) zu einem an=
deren Gesetze übergehen, und von Aufmunterung und Ueberredungs=
gründen seinen gesetzlichen Vorschriften auch nicht das Geringste

---

*) Oder: „betrachte dir diese Sache einmal, indem du das
eben von dir Gesagte selbst dabei zu Grunde legst."

**) Schneider und nach ihm Baiter und Stallbaum 3. A.
schreiben mit Recht προαγορεύῃ statt προσαγορεύῃ nach
Anleitung der besten Handschriften.

beifügen? Nämlich wie Ein Arzt uns allemal auf die eine, der andere auf die andere Weise zu behandeln pflegt, (so stehen auch dem Gesetzgeber zwei verschiedene Möglichkeiten offen).*) Doch wir wollen uns diese beiden Arten vergegenwärtigen, um den Gesetzgeber bitten zu können, gleichwie Kinder den Arzt wohl zu bitten pflegen daß er uns auf die mildeste Weise behandeln möge. Was meinen wir nämlich? Nun, es gibt doch Aerzte, meinen wir, und (bloße) Diener der Aerzte, die man aber auch wohl Aerzte nennt.

Kleinias. Ja wohl.

(§. 245.) Der Athener. (Und solche Diener sind Alle,) mögen sie nun Freie oder Sklaven sein, die (nur) nach der Vorschrift ihrer Herren und nach Dem was sie ihnen abgesehen haben, kurz nach bloßer Empirie ihre Kunst ausüben, nicht aber vermöge eines Eindringens in die Natur der Sache, kraft dessen die (wahrhaft) freien Aerzte sie selber (von ihren Eltern) erlernt haben und eben so ihre Kinder wieder in derselben unterrichten. [193]) Nimmst du diese beiden Classen Derer welche man Aerzte heißt an?

Kleinias. Wie anders?

Der Athener. Eben so wirst du auch bemerkt haben daß, da die Kranken in allen Staaten theils Freie, theils Sklaven sind, die letzteren auch meistentheils von den Sklaven (der Aerzte) behandelt werden, indem diese theils in die Häuser laufen, theils in den Wohnungen der Aerzte selbst (die Rath Suchenden) abwarten, und daß kein einziger von dieser Art Aerzten je den Grund von der

---

*) Ob dieser Nachsatz im Texte ausgefallen ist oder der Verfasser den Lesern überlassen hat ihn aus dem Zusammenhange zu ergänzen, läßt sich nicht entscheiden.

Krankheit irgend eines Sklaven angibt oder sich über denselben be-
lehren läßt, sondern jeder (gleich frisch darauf los) verordnet was
er nach seiner rohen Empirie für gut findet, als ob er von Allem
bereits genau unterrichtet wäre, gleich einem eigenmächtigen Tyrannen, und dann rasch wieder zu einem anderen kranken Dienstboten
eilt und so seinem Herrn die Besorgung der Kranken leicht macht?
(§. 246.) Der freie Arzt dagegen behandelt und wartet gewöhnlich nur die Krankheiten von Freien ab, erkundigt sich über Ur-
sprung und Natur derselben, indem er sich mit dem Kranken selbst
und dessen Umgebung näher einläßt, und so lernt er zugleich selbst
von dem Leidenden und belehrt sie so gut er es vermag.   Auch
verordnet er ihm nicht eher (Arzneimittel) bevor er ihn einigermaßen überredet hat (dieselben zu nehmen), und so erst, nachdem er
ihn mit (allen Mitteln der) Ueberredung willig gemacht hat, ver-
sucht er unter seiner beständigen Leitung ihn zur Gesundheit zu
führen und vollständig wieder herzustellen.   Verdient nun ein auf
diese oder ein auf jene Weise heilender Arzt oder seine Gesundheits-
übungen anstellender Turnmeister [194]) den Vorzug?   Einer der
durch beiderlei Mittel die Wirkung hervorbringt, oder Einer welcher nur durch das eine derselben, und noch dazu das schlechtere und
rauhere, auf seinen Erfolg hinarbeitet?

Kleinias. Gewiß, Freund, ist die Anwendung von beiderlei Mitteln bei Weitem vorzuziehen.

Der Athener. Willst du nun, so wollen wir die Anwendung dieses doppelten und einfachen Mittels auch, wie sie in der
Gesetzgebung selber vorkommt, in Betracht ziehen.

Kleinias. Warum sollte ich das nicht wollen?

11. (§. 247.) Der Athener. So sage mir denn bei den
Göttern, welches wird das erste Gesetz sein das unser Gesetzgeber
aufstellt? Wird er nicht naturgemäß zuvörderst das worin der

[p. 721] erste Keim zur Entstehung von Staaten liegt durch feste Ordnungen regeln?

Kleinias. Ohne Frage.

Der Athener. Ist dies nun nicht für alle Staaten die eheliche Verbindung und Gemeinschaft?[196])

Kleinias. Wie anders?

Der Athener. Um einem jeden Staate zu seiner richtigen Beschaffenheit zu verhelfen scheint es also zuerst erforderlich daß Ehegesetze entworfen werden.

Kleinias. Schlechterdings.

Der Athener. Wir wollen also zuerst das Heirathsgesetz nach Anwendung des einfachen Mittels vortragen, wonach es etwa also lauten würde: Heirathen soll Einer sobald er dreißig bis fünfunddreißig Jahre zählt[197]), und wer es während dieser Frist nicht gethan hat soll an Geld und mit Verlust bürgerlicher Ehren bestraft werden, und zwar um so und so viel Geld und mit Verlust von den und den bürgerlichen Ehrenrechten.[198]) (§. 248.) So etwa mag es in dieser einfachen Gestalt, mit Anwendung des zwiefachen Mittels aber folgendermaßen lauten: man muß heirathen sobald man sein dreißigstes bis fünfunddreißigstes Jahr erreicht hat, in Erwägung dessen daß das Menschengeschlecht in gewisser Art einen natürlichen Antheil an der Unsterblichkeit und eben deßhalb auch jeder Mensch so stark als möglich eine natürliche Sehnsucht nach derselben empfindet, denn (auch) die berühmt zu werden und nicht namenlos nach seinem Tode unter der Erde zu liegen ist eine solche Sehnsucht. Das Menschengeschlecht nämlich ist etwas mit der Gesammtheit der Zeit der Art Verwachsenes daß es unaufhörlich mit ihr fortläuft und fortlaufen wird, und es ist, indem es immer neue Ankömmlinge von sich hinterläßt und so stets das Eine und selbige (Menschengeschlecht) bleibt, in soweit unsterblich als das ewige

Werden deffen theilhaftig genannt werden kann. [199]) (§. 249.) Deffen
nun freiwillig sich zu berauben kann nimmer für recht gelten, und
mit Vorsatz beraubt sich deffen wer nicht nach Weib und Kindern
Verlangen trägt. Wer also dem Gesetze folgt wird frei von
Strafe bleiben; wer ihm aber nicht folgt und nach seinem fünfund-
dreißigsten Jahre noch nicht verheirathet ist soll jährlich um so und
so viel gestraft werden, damit er nicht glaube, das ledige Leben
bringe ihm Ersparniß und Bequemlichkeit, und soll keine von den
Ehrenbezeugungen empfangen die im Staate Jeder welcher jün-
ger Jedem welcher älter als er ist zu erweisen hat. *) (§. 250.) Nachdem ihr nun so das Gesetz in beiden Gestalten neben einander ver-
nommen habt, mögt ihr selbst urtheilen, ob überhaupt die Gesetze
jenes doppelte Mittel des Ueberredens und Drohens zugleich sich
aneignen sollen, wobei sie dann freilich nicht sonderlich kurz gerathen würden**), oder ob sie bloß der Drohungen sich bedienen und
(in Folge dieses einfachen Mittels auch nur) einfach an Länge werden sollen.

Megillos. Lakonische Weise, Freund, ist es freilich überall das
Kürzere vorzuziehen. ***) Indeffen wenn man mich zum Richter
darüber verordnete welche von diesen beiden Formeln ich zum endgiltig
abgefaßten Staatsgesetz erhoben zu sehen wünschte, so würde ich
der längeren den Vorzug geben, und eben so würde ich auch bei

*) Vgl. IX. §. 634 ff. und die Anm. 612 angeführter
Stellen.

**) Vögelin schlägt — freilich, wie er sagt, nur für die Ueber-
setzung — τῷ μήκει οὐ σμικροτάτους vor, welcher Vermuthung auch wir in Ermangelung eines Besseren folgen, denn
Asts von Wagner aufgenommenes τ. μ. τὸ μακρότατον genügt uns nicht.

***) Vgl. I. §. 45.

jedem andern Geſetz, [p. 722] wenn mir nach derſelben Analogie
beiderlei Entwürfe vorgelegt würden, gerade dieſelbe Wahl treffen.
Indeſſen iſt es nöthig daß auch bei unſerm Kleinias hier die jetzt
(von uns) abzufaſſenden Geſetze Beifall finden, denn vorerſt iſt es
ja der von ihm neu zu gründende Staat welcher ſich ihrer zu bedienen gedenkt.

Kleinias.   Du haſt ganz richtig entſchieden, Megillos.

12. (§. 251.) Der Athener. Nun, über Länge oder Kürze
der Formeln uns zu ſtreiten wäre auch gar zu einfältig.   Denn
ich denke, die beſten und nicht die kürzeſten oder die Länge verdient
den Vorzug, und von den beiden eben beſprochenen Geſetzesformeln
iſt die eine nicht bloß um das Doppelte förderlicher zur Tugend als
die andere, ſondern, wie ſchon bemerkt, jene doppelte Art von Aerzten gleicht ihnen beiden wirklich auf das Vollſtändigſte. Aber freilich was dieſe Sache anlangt*), ſo ſcheint noch keiner von allen Geſetz-
gebern je daran gedacht zu haben wie man (auch) bei der Geſetzgebung jenes zweifache Mittel anwenden könne, Ueberredung und
Zwang, ſo weit ſich nämlich Beides der ungebildeten großen Maſſe
des Volkes gegenüber vereinigen läßt, ſondern ſie alle bedienen ſich
nur des einen von beiden. Denn ſie miſchen bei dem Entwurf ihrer
Geſetze nicht der Macht**) die Ueberredung bei, ſondern laſſen der
unvermiſchten Gewalt ihren freien Lauf. Ich dagegen, meine

---

*) Was das handſchriftliche πρὸς τούτῳ „überdies“ in dieſem
Zuſammenhange für einen Sinn haben könnte, vermag ich
eben ſo wenig wie Stallbaum 3. A. einzuſehen und kehre
daher mit ihm zu der Vulg. πρὸς τοῦτο zurück, um ſo mehr
da auch der Vatic. Ω προςοῦτο gibt.

**) ἀρχὴν für μάχην nach Hermanns und Badhams Verbeſſe-
rung mit Wagner und Baiter. Auch Stallbaum 3. A.
ſpricht ſich am Meiſten für ſie aus.

Freunde, sehe daß auch noch ein Drittes dabei erforderlich ist, was jetzt nirgends in Anwendung gebracht wird. ³⁰⁰)

Kleinias. Nun, was meinst du?

(§. 252.) Der Athener. Was sich unmittelbar aus unserer ganzen bisherigen Gesprächführung wie durch eine Art göttlicher Fügung ergibt. Denn seitdem wir am frühen Morgen uns über Gesetze zu unterhalten begannen, ist es bereits Mittag geworden, und wir sind bis zu diesem schönen Ruheplatz gelangt und haben (die ganze Zeit über) von nichts Anderem als von Gesetzen gesprochen; und doch fangen wir, scheint es, erst jetzt an Gesetze (selbst) vorzutragen, alles Voraufgehende aber waren bloße Eingänge zu den Gesetzen. Warum nun bemerke ich dies? Um anzudeuten daß zu Allem was gesprochen wird oder wobei sonst die Stimme mitzuwirken hat Einleitungen und Eingänge gehören, welche eine Art von Anregung und kunstgemäßer Vorbereitung der kommenden Ausführung geben. Und so sind denn auch zu jenen Weisen des Gesanges zur Cither welche recht eigentlich als die Gesetze desselben bezeichnet werden ²⁰¹), so gut wie zu allen anderen Musikstücken, wirkliche Eingänge und Vorspiele von bewundernswerther Arbeit vorhanden, zu den wirklichen Gesetzen aber, d. h. zu denen des Staates, hat noch nie Jemand einen Eingang verfaßt oder, wenn ja, ihn doch nicht ans Licht gebracht, gerade als ob es von Natur so Etwas gar nicht gäbe. (§. 253.) Unsere bisherige Unterredung aber liefert, denke ich, den Beweis daß es wohl so Etwas gibt, und was ich eben als einen zwiefachen Bestandtheil der Gesetze betrachtete scheint nicht eigentlich dies, sondern vielmehr geradezu zwei verschiedene Dinge zu sein, nämlich Gesetz und Einleitung zum Gesetze. Nämlich der tyrannische Befehl, den [p. 723] wir mit den Verordnungen jener unfreien Aerzte verglichen, dürfte das eigentliche reine Gesetz, das vorher Erwähnte aber,

was Ueberredungsmittel von unserem Gesetzgeber genannt wurde,
dürfte dies zwar in Wahrheit sein, aber dabei die Bedeutung eines
Einganges zu den (eigentlichen) Gesetzesworten haben. Denn zu
dem Zwecke daß Der welchem der Gesetzgeber sein Gesetz an-
empfiehlt die Verordnung desselben, welche eben das eigentliche Gesetz ist, mit Wohlwollen aufnehme und durch dies Wohlwollen derselben auch leichter zugänglich werde, ward offenbar, denke ich, jene
ganze Anrede gehalten welche vorhin der Gesetzgeber zur Ueberzeugung (seiner Zuhörer) sprach.²⁰¹), und deßhalb muß man sie
denn nach meiner Meinung eben als einen Eingang zu den Gesetzen bezeichnen und nicht zum Wortlaute derselben selber rechnen.
Nachdem ich nun dies bemerkt, was könnte ich wohl jetzt noch hin-
zuzufügen wünschen?. Dies daß der Gesetzgeber weder die Gesammtheit der Gesetze ohne einen gemeinsamen, ihnen allen vorauf-
geschickten, noch die einzelnen ohne ihren besonderen Eingang lassen
darf, wodurch sie um so viel besser sein werden als so eben die eine
von jenen beiden Formeln besser war als die andere.

(§. 254.) Kleinias. Ja, ich für meinen Theil würde Den
der sich darauf versteht nicht anders uns seine Gesetze abfassen
lassen.

Der Athener. Mit Recht gibst du also, scheint es, so viel
zu daß nicht bloß zu den einzelnen Gesetzen Eingänge gehören, sondern daß es auch der Anfang aller Gesetzgebung sein muß dem gesammten Wortlaut derselben eine für jedes Einzelne von ihr passende Einleitung vorauszuschicken. Denn es ist ja nichts Geringes
was auf sie folgen soll, und es macht keinen Unterschied ob dasselbe
den Leuten deutlich zu Sinne geführt wird oder nicht. Wenn wir aber
vorschreiben wollten (auch im Einzelnen) Gesetze, die bedeutend,
und solche die unbedeutend heißen dürfen in gleicher Weise mit
Eingängen zu versehen, so würden wir nicht wohl daran thun.

Denn es gehört weder zu jedem Gesungenen noch zu jedem Gespro=
chenen (und Geschriebenen) dergleichen, nicht als ob nicht dies
Alles dazu geeignet wäre, sondern weil es ungehörig ist in jedem
Falle davon Gebrauch zu machen. Vielmehr ist so Etwas für je=
den besonderen Fall dem Ermessen des Sprechers, des Tonkünstlers
und des Gesetzgebers zu überlassen.

(§. 255.) Kleinias. Du scheinst mir sehr wahr zu sprechen.
Aber nun, lieber Freund, wollen wir auch nicht länger zaudernd die
Sache hinausschieben, sondern auf unsern eigentlichen Gegenstand
zurückkommen und, wenn es dir recht ist, mit Demjenigen den An=
fang machen was du vorher vorbrachtest, ohne zu bemerken daß es
ein Eingang sein solle. Rufen wir uns also das scherzende Wort zu
„ein ander Mal geht's besser“ und nehmen daher diesen Gegenstand
zum andern Male so wieder.auf daß wir ihn jetzt wirklich als Ein=
gang und nicht, wie vorhin, als einen uns bloß zufällig aufgestoße=
nen Gedanken behandeln. Machen wir also den Anfang auf Grund
unseres Zugeständnisses daß (den Gesetzen) eine Einleitung vorauf=
geschickt werde. Und in Bezug auf die Verehrung der Götter nun
und den Dienst der Vorfahren ist schon das bereits Ausgesprochene
hinreichend, und wir wollen daher das Weitere zum Ausdruck zu
bringen versuchen, bis du die ganze Einleitung genügend ausge=
führt findest. Und dann magst du die Gesetze selber entwerfen.

[p. 724.] (§. 256.) Der Athener. Was wir also über
die Götter und Mittelwesen und über die Eltern im Leben und
nach ihrem Tode vorhin erörtert haben, das finden wir jetzt genü=
gend als Eingang; aber Alles was an der Vollständigkeit des Ein=
ganges noch sonst fehlt gebietest du jetzt, wie ich sehe, mir ans Licht
zu ziehen.

Kleinias. So ist es.

Der Athener. So wird es uns denn geziemen und am

Meisten dem gemeinsamen Interesse des Sprechers und dem der Zuhörer angemessen sein, nächst jenen Dingen (zuvörderst) von Neuem zu überdenken, auf welche Weise wir einer möglichst richtigen Zucht und Bildung theilhaftig werden, und auf was man zu diesem Behufe in Bezug auf Seele, Körper und äußere Habe [303]) Eifer zu wenden und nicht zu wenden habe. Dies also ist es in Wahrheit worüber wir jetzt zunächst zu sprechen und einander zuzuhören haben.

    Kleinias. Du hast vollkommen Recht.

Fünftes Buch.

[p. 726.] 1. (§. 257.) **Der Athener.** So höre denn
ein Jeder welcher unsere eben gemachten Erörterungen über die
(Pflichten gegen die) Götter und die theuren Vorfahren vernahm!
Nächst den Göttern (selbst) ist die Seele unser göttlichstes und ei-
genstes Eigenthum. Alle Besitzthümer Jedermanns nämlich sind
von zweifacher Art, höhere und edlere, welche herrschen, und nie-
brigere und gemeinere, welche dienen, und von ihnen sind denn die
herrschenden höher zu halten als die dienenden.[204] Wenn ich also
sage daß ein Jeder nächst den Göttern, unsern Gebietern, und den
mit ihnen verwandten [p. 727.] Wesen*), als Zweites seine Seele
ehren müsse, so gebe ich damit eine richtige Vorschrift. Es ehrt
sie jedoch, fast möchte ich es behaupten, Keiner von uns auf die
rechte Art, wenn er es sich auch einbildet. Denn die Ehre ist ein
göttliches Gut**), und nichts Schlechtes und Böses kann der Ehre

---

*) S. Anm. 189.

**) Wir übersetzen nach der überlieferten Lesart, die aber sicher
nicht richtig ist. Doch ist schwer zu sagen wie sie zu ver-
bessern sei, jedenfalls nicht so wie Stallbaum 3. A. vorschlägt, θείων — ἀγαθῶν, denn nicht das will Platon be-

werth fein. (§. 258.) Wer daher meint seine Seele durch gewisse
Gedanken oder Gaben oder Nachgiebigkeiten [205]) (an Werth) zu er=
heben, ohne daß er sie dabei aus einer schlechteren zu einer besseren
macht, der bildet sich zwar ein sie zu ehren, in Wirklichkeit aber
thut er das Gegentheil. So wähnt der Mensch gleich von Kind=
heit auf die nöthige Einsicht in allen Stücken zu besitzen und glaubt
seine Seele zu ehren, indem er alle ihre Meinungen und Wünsche
billigt und ihr bereitwillig Alles was sie begehrt zu thun überläßt;
meine Behauptung aber geht dahin daß er hiemit sie schädigt und
keineswegs ehrt, und doch sollte er, wie gesagt, sie nächst den Göt=
tern am Höchsten in Ehren halten. Und auch wenn ein Mensch
von allen den Fehltritten die er begeht, und von den meisten und
größten Uebeln die ihm widerfahren nicht sich selber, sondern Andern
die Schuld beimißt und sich selbst immer von der Zahl der Sünder
ausnimmt, so ehrt er seine Seele nicht, obschon er es zu thun ver=
meint, vielmehr ist er weit davon entfernt, denn (auch) er fügt ihr
(im Gegentheile) Schaden dadurch zu. (§. 259.) Und auch wenn
man gegen den Ausspruch und die Billigung des Gesetzgebers seine
Gelüste befriedigt ehrt man sie nicht, sondern entehrt sie vielmehr,
indem man sie mit Lastern und Reue erfüllt. Und auch wenn man
nach der anderen Seite hin den (vom Gesetze) gebotenen Mühen
und Gefahren, Schmerzen und Beschwerden nicht standhaft sich un=
terzieht, sondern sie flieht, so erweist man durch eine solche Flucht
(abermals) seiner Seele keine Ehre, sondern macht sie ehrlos durch

haupten daß die „göttlichen“ oder höheren Güter allein der
Ehre, sondern nur daß die geringeren Güter auch gerin=
gerer Ehre werth seien. S. die Anm. 14 angeführten
Stellen; vielleicht ist vielmehr ἀγαθόν als bloße Glosse zu
θεῖον in den Text gerathen und demnach einzuklammern:
„denn etwas Göttliches ist doch wohl die Ehre.“

alles derartige Betragen*); und überhaupt wenn man das Leben unter jeder Bedingung für ein Gut hält ehrt man sie nicht, sondern schändet sie. Denn das heißt dem Wahne der Seele daß der Zustand in der Unterwelt Nichts als Uebel enthalte nachgeben, anstatt ihm dadurch entgegenzutreten daß man sie darüber belehrt und besser überführt, wie sie ja gar Nichts davon weiß, ob es nicht im Gegentheile gerade die größten aller Güter sind die uns bei den dortigen Göttern erwarten. (§. 260.) Wenn man ferner Schönheit höher schätzt als Tugend, so ist (auch) dies nichts Anderes als eine wahrhafte und vollständige Beschimpfung der Seele, denn diese Ansicht stellt ja die Seele über den Körper, während doch nichts der Erde Entsprossenes höher stehen kann als was vom Olympos stammt, und wer der Seele nicht diese Herkunft zuschreibt, der weiß nicht wie sehr er dies wunderherrliche Gut herabsetzt. Wer ferner Schätze auf ungerechte Weise zu erwerben sucht oder über ihren Erwerb keine Reue empfindet, [p. 728.] der ehrt durch (diese) Gaben seine Seele nicht, sondern trübt und verletzt sie in jeder Beziehung**); denn was an ihr schätzbar und herrlich ist, das gibt er dahin für weniges Gold, während doch alles Gold auf und unter der Erde die Tugend nicht aufwiegt. Mit Einem Worte, Jedermann der nicht alles Das was der Gesetzgeber als schändlich und böse aufzählt auf alle Weise zu vermeiden, und dagegen allem Dem was er für gut und löblich erklärt hat mit allen Kräften nachzustreben trachtet, erkennt nicht daß er seine Seele, das Göttlichste was er

---

*) Nicht übel ist Wagners Vermuthung daß vor ὁρῶν eine Negation ausgefallen sei: „durch Unterlassung von dergleichen Allem."

**) πάντως aus Paris. A., λυπεῖ aus andern guten Handschriften nach Cornarius Vorgange mit Hermann, Wagner, Baiter.

hat, in allen solchen Fällen in den ehrlosesten und schmachvollsten Zustand versetzt. (§. 261.) Denn worin es vorzugsweise besteht daß jeder Uebelthat, was man so nennt, ihr Recht wird, daran denkt, geradezu gesagt, Keiner. Es besteht dies nämlich darin daß man eben durch sie den Menschen gleich wird die schlecht sind, und eben damit die tugendhaften und den Verkehr mit ihnen flieht und sich ganz von ihnen scheidet und dagegen dem Umgange mit Seinesgleichen nachjagt [206]) und mit ihnen verwächst, und daß man, wenn dies einmal der Fall ist, auch nothwendig solche Dinge thun und sich gefallen lassen muß wie sie solche Art Leute ihrer Natur nach einander in That und Worten zuzufügen pflegen. Doch man sollte das eigentlich nicht Recht nennen — denn Recht und Gerechtigkeit ist vielmehr etwas sittlich Schönes — sondern bloß Strafe, d. h. die natürliche Folge des Unrechts, und wer sie erfährt, so gut wie wer sie nicht erfährt, ist elend, dieser weil seine Krankheit nicht geheilt wird, jener weil er untergeht, damit viele Andere (durch dies abschreckende Beispiel) gerettet werden. [207]) Die (wahre) Ehre aber setzen wir, um es in eine allgemeine Formel zusammenzufassen, darein daß man dem Bessern nachstrebe und das Schlimme, aber der Verbesserung noch Fähige, möglichst zum Guten hinlenke.

2. (§. 262.) Nun ist aber eben die Seele recht eigentlich dasjenige Besitzthum des Menschen welches von Natur dazu bestimmt ist das Böse zu fliehen und dagegen den höchsten Gütern nachzuspüren und sie zu ergreifen und, nachdem sie dieselben ergriffen hat, sie das ganze fernere Leben hindurch festzuhalten. Daher ordneten wir ihr auch die zweithöchste Ehre zu. Was nun aber den dritten Rang der Ehre betrifft, so sieht wohl Jedermann ein daß diesen naturgemäß der Körper [206]) einnimmt, und auch hier ist wiederum der Unterschied zwischen wahrer und falscher Ehre in Be-

tracht zu ziehen, und ihn festzustellen ist Sache des Gesetzgebers. Dieser nun aber wird, wenn ich recht sehe, ihn folgendermaßen anzugeben haben. Werthvoll sei ein Körper nicht wenn er Schönheit, Stärke, Behendigkeit oder Größe besitzt, selbst nicht wenn Gesundheit, obwohl dies Vielen so scheine, noch auch fürwahr wenn das Gegentheil von diesem (Allen), sondern was mitten inne liegt und von allen diesen Eigenschaften Etwas an sich hat sei bei Weitem für die Besonnenheit (der Seele) am vortheilhaftesten und verheiße die meiste Sicherheit. (§. 263.) Denn besitzt man sie in allzu hohem Grade, so machen sie die Seele aufgeblasen und vermessen, und entbehrt man sie ganz, so wird dieselbe dadurch kriechend und knechtisch gesinnt. Die gleiche Bewandtniß hat es auch mit dem Besitze von Geld und Gut, und es gilt auch von ihm das gleiche Maß der Schätzung. [p. 729.] Denn das Uebermaß aller solcher äußeren Besitzthümer zieht dem Staate wie dem Einzelnen Feindschaft von Anderen und Zwist in sich selber zu, der Mangel an ihnen aber macht sie meistens zu Sklaven (anderer Staaten oder Menschen). Darum möge Keiner um seiner Kinder willen sich zu bereichern trachten, um ihnen (einst) möglichst große Schätze zu hinterlassen, denn es wird dies weder ihnen noch dem Staate zum Heile sein. Vielmehr ist ein Vermögen welches den jungen Leuten keine Schmeichler herbeilockt, aber doch hinreicht um sie vor Mangel an dem Nothwendigen zu schützen, für sie das Allerheilsamste und steht am Besten (mit allen ihren Bedürfnissen) im Einklang, denn es stimmt und paßt zu allen unsern Verhältnissen und verschafft uns so ein sorgenfreies Leben. (§. 264.) Sittliche Scheu und Scham vielmehr und nicht Gold muß man seinen Kindern in reichem Maße hinterlassen. Nun aber wähnen wir unsern jungen Leuten dies Erbe dadurch zu verschaffen daß wir sie schelten, wenn sie Mangel hieran an den Tag legen; das kann aber durch die

4 *

bloße Ermahnung, wie man sie jetzt den jungen Leuten angedeihen läßt, indem man ihnen einschärft daß dem Jünglinge allezeit Scham gebühre, nimmer erreicht werden. Der verständige Gesetzgeber wird es vielmehr den Aelteren einschärfen sich den Jünglingen gegenüber schamhaft zu betragen und sich vor Nichts so sehr zu hüten als davor daß einer von diesen je einen von ihnen etwas Schändliches thun sehe noch reden höre, weil da wo die Greise die Scham vergessen die nothwendige Folge davon ist daß auch die Jünglinge noch viel mehr ein Gleiches thun. Denn nicht in der bloßen Zurechtweisung besteht eine vorzügliche Erziehung für Jung und Alt zugleich, sondern darin daß man zeigt wie man die Zurechtweisungen welche man Andern gibt auch selber sein ganzes Leben hindurch befolgt.

(§. 265.) Wer aber seine Verwandtschaft und alle Diejenigen welche vermöge der Blutsgemeinschaft dieselben Stammgötter haben achtet und ehrt [209]), der darf erwarten daß die Götter welche die Geburt schützen ihn bei der Zeugung eigener Kinder segnen werden. Das Wohlwollen seiner Freunde und Bekannten im Verkehre des Lebens aber wird man sich erhalten wenn man die Dienste welche sie uns erweisen höher anschlägt und ehrt, und dagegen die Gefälligkeiten welche man ihnen erzeigt geringer als sie selber es thun. Um den Staat und seine Mitbürger ferner macht sich Derjenige am Meisten verdient welcher dem Siege in den olympischen und allen anderen kriegerischen und friedlichen Kämpfen denjenigen vorzieht welchen ihm der Ruhm gewährt sich den heimischen Gesetzen unterwürfig gezeigt zu haben und ihnen so treu wie kein Anderer sein ganzes Leben hindurch gewesen zu sein. (§. 266.) Sodann bedenke man daß die Pflichten gegen Gastfreunde und Fremdlinge hochheilige sind. Denn sie und die Vergehungen gegen sie stehen fast alle noch mehr als die Verhältnisse zu unsern Mitbürgern unter der strafenden Obhut der Gottheit, weil man in der Fremde ohne den Schutz von Freunden und Verwandten und darum ein Gegenstand größeren Mitleids für Menschen und Götter ist. Wer aber mächtiger ist zu strafen, der ist auch bereitwilliger zu helfen, und jene Macht nun besitzen in hohem Grade die gastlichen Dämonen und Götter [p. 730.] welche zum Gefolge des gastlichen Zeus gehören und deren einer einen jeden Menschen unter seiner besonderen Obhut hat.*) Wer also nicht aller Besonnenheit beraubt ist, der hütet sich wohl daß er nicht mit Vergehung gegen Gastfreunde und Fremblinge befleckt das Ende seines Lebens erreiche. Kein größeres Vergehen gegen Fremde wie gegen Einheimische aber gibt es als eine Versündigung gegen Schutzflehende. Denn der Gott welchen ein solcher zum Zeugen der (ihm von uns gemachten) Zusagen nahm hütet und wacht in hohem Maaße darüber was demselben begegnet; und was ihm daher auch Uebles widerfährt, es wird niemals ungerochen bleiben.

3. (§. 267.) Wir haben nunmehr die Regeln unseres Verhaltens gegen die Götter, gegen uns selbst und zu unserem Besitzthume, gegen Staat, Freunde und Verwandtschaft, gegen Fremde und Landsleute so ziemlich durchgenommen; daran aber reiht sich nun die Frage, wie ein Jeder beschaffen sein muß um für sich selber sein Leben löblich zuzubringen; was (nämlich) nicht bloß**) vom Gesetze, sondern namentlich auch von dem Lob und Tadel abhängt

---

*) Ich habe das ἑκάστων nicht anders als durch diese Umschreibung wiederzugeben vermocht.

**) Hinter ὅσ᾽ und νόμος ist nach Schmidt p. 6 mit Hermann und Wagner ein Komma zu setzen; so bedarf es der Aenderung von ἀπεργάζεται in ἀπεργάζηται (Ast, Zürcher, Baiter, Stallbaum 3. A.) nicht.

welcher die Bürger erziehen und sie für die zu gebenden Gesetze lenksamer und geneigter machen soll[210]), das müssen wir jetzt zunächst besprechen. Unter allen Gütern nun steht bei den Göttern, steht bei den Menschen die Wahrheit obenan, und ihrer muß daher gleich von vorne herein theilhaftig sein wer zufrieden und glücklich leben will, um so in ihr so lange als möglich zu wandeln. Denn nur wer wahrhaftig ist ist auch treu und zuverlässig, das Gegentheil aber welcher die vorsätzliche Unwahrheit liebt; denn wer die unvorsätzliche, der ist sinnlos, und weder die eine noch die andere (dieser letzteren Eigenschaften) ist zu beneiden. Denn wer unzuverlässig und treulos, so wie*) wer sinnlos und thöricht ist, der ist auch freundlos, und wenn er im Laufe der Zeit (als solcher) erkannt wird, so bereitet er sich eine vollständige Vereinsamung für die schweren Tage seines Alters und das Ende seines Lebens, so daß das letztere beinahe gleich sehr verwaist ist, ob ihm Kinder und Bekannte noch am Leben sind oder nicht.**)

(§. 268.) Ehrenwerth ist freilich auch schon wer kein Unrecht begeht, aber wer es nicht einmal geschehen läßt daß es Andere begehen, der ist es noch doppelt und dreifach mehr. Denn Jener wiegt (nur) Einen, Dieser aber viele Andere auf, dadurch daß er das Unrecht der Anderen der Obrigkeit***) anzeigt. Und wer endlich gar dieselbe nach Kräften in ihrer strafenden Thätigkeit unterstützt[210b]), der soll als der wahre Held unter allen Staatsbürgern ausgerufen und ihm soll der höchste Siegespreis der Tugend zu-

---

*) ὅ τε ἄπιστος statt ὅ γε ἄπ. mit Hermann.

**) Zu diesem Paragraph vgl. unten §. 294 z. E. mit Anm. 223.

***) Unter Obrigkeit sind hier auch die Gerichte verstanden, s. VI. §. 367, 372 f. nebst Anm. 313, 315.

erkannt werden. [111]) Eben dasselbe Lob muß man aber auch hinsichtlich der Besonnenheit, Weisheit und aller anderen Tugenden
aussprechen, wenn sie ihren Besitzer befähigen sie nicht bloß für sich
zu behalten, sondern sie auch Anderen mitzutheilen, und muß Den
welcher sie wirklich (Anderen) mittheilt am Höchsten in Ehren halten und nächst ihm Den welcher Dies zwar nicht zu Stande bringt,
aber doch die gute Absicht hat; dagegen Den welcher den Besitz
dieser Güter Anderen mißgönnt und nicht menschenfreundlich genug ist um ihn aus eigenem Antriebe mit irgend Jemandem zu
theilen, Den muß man seiner Person nach tadeln, nur aber darf man
deßwegen um des Besitzers willen nicht auch [p. 731.] das Besitzthum verachten, sondern vielmehr dieses nach Kräften sich an-
zueignen streben. (§. 269.) Alle sollen (daher) in unserem Staate
um die Tugend wetteifern, ohne sie sich einander zu mißgönnen.
Denn nur Der wird zur Hebung des Staates beitragen welcher
selber nach den Preisen (der Tugend) ringt und doch dabei sie auch
Anderen nicht durch Verleumdungen zu entziehen sucht; der Miß-
günstige dagegen, welcher durch Herabsetzung Anderer den Vorrang
gewinnen zu müssen glaubt, richtet einerseits seine eigenen An-
strengungen (eben damit) weniger auf die wahre Tugend und versetzt andererseits seine Mitbewerber durch seinen ungerechten Tadel
in Muthlosigkeit, und da er hiedurch bewirkt daß der Wettkampf
um Tugend im Staate nicht geübt wird, so macht er für sein
Theil den letzteren kleiner an Ruhm.

(§. 270.) Jedermann muß den möglichsten Eifer und die
möglichste Sanftmuth zugleich besitzen. Denn vor den schweren
und tief oder sogar gänzlich unheilbar eingewurzelten Freveln Anderer kann man nicht anders sich retten als indem man den Kampf
gegen sie aufnimmt, sie siegreich abwehrt und dann in keinem

Stücke unbestraft läßt, und zu dem Allem ist ohne edlen Zorn und Eifer keine Seele im Stande. In Bezug auf die Handlungs= weise Derjenigen aber die zwar auch Unrecht üben, aber doch so daß sie noch heilbar sind*), muß man vor allen Dingen bedenken daß Keiner der unrecht handelt dies freiwillig thut.**) Denn von den größten Uebeln wird Niemand auf der ganzen Welt je irgend eins freiwillig besitzen wollen, und am Allerwenigsten an dem Werthvollsten was er hat. Die Seele aber ist, wie wir bereits be= merkt haben, in Wahrheit für einen Jeden das Werthvollste, und in sie also wird wohl Keiner je das größte Uebel freiwillig aufnehmen und sein ganzes Leben lang in ihr behalten. (S. 271.) Bemit= leidenswerth ist daher freilich überhaupt jeder Ungerechte der solche Uebel in sich trägt, allein man darf dieses Mitleid nur gegen Den walten lassen bei welchem diese Uebel noch heilbar sind, und muß gegen ihn den aufsteigenden Zorn besänftigen und nicht nach Wei= berart ihn mit beständigen Bitterkeiten verfolgen, gegen Den aber welcher ganz voller Nichtswürdigkeiten und Laster steckt, gegen welche kein Zureden mehr hilft, muß man seinem Zorne freien Lauf lassen.***) Das ist der Grund weßhalb wir von einem tüchtigen Manne immer Erregbarkeit und Sanftmuth zugleich ver= langen.

4. (S. 272.) Das größte aller Uebel aber wurzelt von Na= tur in den Seelen der meisten Menschen, und da sich Jedermann dasselbe verzeiht, so sinnt Niemand auf Mittel sich davon zu be=

---

*) Wörtlich: „aber doch solches welches (an ihnen) noch heil= bar ist.“

**) Vgl. d. Einl. S. 976.

***) S. Anm. 207.

freien. Dies ist nämlich der Grundsatz daß jeder Mensch von Natur sich selber liebe und auch von Rechts wegen lieben müsse, denn in Wahrheit ist derselbe vielmehr allemal und für einen Jeden wegen der übermäßigen Selbstliebe (die durch ihn erzeugt wird) die Quelle aller Fehltritte. Denn auch diese Liebe macht blind gegen die Fehler des geliebten Gegenstandes, so daß man demzufolge über Das was recht, gut und schön ist [p. 732.] ein verkehrtes Urtheil fällt und sich selber stets höher als die Wahrheit schätzen zu müssen glaubt. Wer aber ein großer Mann werden will, der darf weder sich noch das Seinige lieben, sondern das Rechte, mag es nun in seinen eigenen Thaten oder in denen Anderer mehr zu finden sein. Von eben diesem Fehler aber rührt es (demgemäß) auch her daß Alle ihre eigene Unwissenheit für Weisheit halten und daß wir demgemäß, auch wenn wir so gut wie gar Nichts wissen, doch Alles zu wissen glauben und somit nothwendigerweise Fehler begehen, indem wir das was wir selber nicht zu machen verstehen, anstatt es Anderen zu überlassen, doch selber machen (wollen). Drum muß Jedermann die allzu große Selbstliebe fliehen und vielmehr Dem der besser ist als er nacheifern und sich durch keine (falsche) Scham hievon abhalten lassen.

(§. 273.) Von geringerer Art, aber darum doch nicht von geringerem Nutzen ist die nunmehr folgende Vorschrift; auch ist sie schon oft gegeben, aber dennoch muß von Neuem an sie erinnert werden; denn wie jeder Abfluß auch wieder einen neuen Zufluß erfordert, so ist die Erinnerung ein solcher Zufluß welcher den Abgang an Kenntniß ersetzt. Man soll sich übermäßigen Lachens so gut wie Weinens enthalten, und auch Jeder den Anderen dazu anhalten daß er jegliches Uebermaß*) in Freude und Schmerz zurück-

---

*) πᾶσαν ist wohl entweder mit Ast in Parenthese zu setzen

zubrängen und eine würdige Haltung zu bewahren suche, gleichviel
ob sein Schutzgeist (mit ihm) auf den Pfaden des Glückes wandelt
oder ob in den Wechselfällen des Schicksals die Dämonen manchen
seiner Unternehmungen, wenn sie namentlich auf (allzu) hohe und
jähe Dinge sich richten, widerstreben, und daß er stets hoffe, Gott
werde, wenn den Gütern welche er uns schenkt, Unfälle bevorste=
hen, diese doch möglichst verringern und ebenso den bereits vorhan=
denen einen Umschwung zum Besseren geben, bei allem Guten aber
immer das Gegentheil (eine stete Beständigkeit und Vermehrung
desselben) eintreten und das Glück (immer mehr) uns begünstigen las=
sen. Solchen Hoffnungen und der steten Mahnung an solche Lehren
soll Jedermann leben und keine Mühe sparen, sie in Ernst und Scherz
sich selber und Anderen beständig klar ins Gedächtniß zu rufen.

5. (§. 274.)   So sind denn nun die Bestrebungen denen
man sich hingeben, und die Eigenschaften welche ein Jeder*) an sich
tragen muß, so ziemlich alle angegeben worden, so weit sie gött=
licher Art sind.²¹²)   Die von menschlicher Art aber sind (in diesem
Betracht) noch nicht von uns besprochen, müssen es aber (nun),
denn zu Menschen reden wir ja und nicht zu Göttern.

Die wesentlichsten Stücke der menschlichen Natur nun sind
Lust, Schmerz und Begierde, an welche Alles was lebt und sterb=
lich ist durch die Nothwendigkeit (seiner Natur) geradezu, wenn

---

oder nach Wagners Vorschlag vor περιωδυνίαν umzustellen.
Man müßte denn nach Schneiders scharfsinniger Verbesse=
rung μαινόλιν statt καὶ ὅλην schreiben, was Baiter em=
pfiehlt: „daß er jegliche Raserei in Freude u. s. w.“ Die=
ser poetische Ausdruck wäre alsdann als eine Anspielung
auf Aeschyl. Schutzfleh. 101. Eurip. Orest. 823 zu fassen.

*) αὐτοῦ ἑκάστου für αὐτοῦ ἑ. nach Hermanns Verbesserung
mit Wagner, Baiter und Stallbaum 3. A.

man so sagen darf, gefesselt ist und in seinen mächtigsten Bestrebungen von ihnen abhängt. Man muß daher das tugendhafte Leben nicht bloß dadurch empfehlen daß es den edelsten Anblick gewähre welcher der rühmenden Anerkennung nicht entgehen könne, sondern auch dadurch daß es für Den der es [p. 733.] nur erproben will und nicht gleich in seiner Jugend ihm abtrünnig wird auch in Demjenigen den Vorzug habe wornach wir Alle streben, nämlich darin daß es unser ganzes Leben hindurch uns mehr Freude und weniger Schmerz bringt. [213]) (§. 275.) Daß sich dies wirklich so verhält wird Jedem der es nur auf die rechte Weise erprobt alsbald und in hohem Grade einleuchten. Welches aber ist diese rechte Weise?*) Dieß muß man nunmehr untersuchen, indem man die Vernunft darüber zu Rathe zieht, in welchem Falle wir wirklich so (und) der Natur gemäß und in welchem anders (und) wider die Natur verfahren. Wir müssen**) Leben gegen Leben und darnach das angenehmere und das schmerzvollere folgendermaßen gegen einander abwägen. Jeder wünscht sich Lust, Niemand wählt oder wünscht sich Schmerz, und was endlich weder wohl noch wehe thut ist man gegen die Lust zu vertauschen nicht, gegen den Schmerz aber wohl zu vertauschen geneigt. Doch auch einen geringeren Schmerz, welcher mit größerer Lust verbunden ist, lassen wir uns wohl gefallen, und eine geringere Freude, welche mit größerer Unlust verbunden ist wünschen wir nicht; ist dagegen Beides gleich, so

---

*) Wir behalten die gewöhnliche Interpunction gegen Stallbaum 1. A. und Hermann bei, die vielmehr hinter τις ein Komma setzen.

**) δὲ hinter βίον fehlt in den besseren Handschriften, daher es auch Schneider und Stallbaum 3. A. weglassen und Wagner es einklammert. Auch wir geben den Satz demgemäß ohne Uebergangspartikel wieder.

würden wir schwerlich genau anzugeben vermögen welches wir vorziehen. (§. 276.) Kurz, in allen diesen Fällen hängt es von
Menge, Größe, Stärke oder Gleichgewicht und dem Gegentheile
ab, ob unser Wunsch dem Einen oder dem Andern bei der Wahl
den Vorzug gibt oder nicht gibt. Und da sich dies nun gar nicht
anders verhalten kann, so kann uns eben so gut ein Leben in welchem von Beidem (Lust und Schmerz) Vieles, und zwar in einem
hohen und starken Maaße, als ein solches in welchem wenig von
Beidem und in unbedeutendem und gelindem Maße vorhanden ist
behagen, aber wir wünschen das erstere nur dann wenn die Lust
dabei vorwiegt, und nicht, wenn das Gegentheil der Fall ist; und
eben so wünschen wir das letztere uns nicht, wenn das Schmerzliche
im Uebergewicht ist, sondern dann wenn das Gegentheil stattfindet;
steht aber Beides im Gleichgewicht, dann tritt eben nothwendig der
vorerwähnte Fall ein, indem wir ein solches Leben in so fern wünschen als zu Zeiten ein Uebergewicht nach der Seite dessen hin
was uns lieb, und in so fern nicht wünschen als zu Zeiten ein solches nach der Seite dessen hin was uns verhaßt ist in ihm eintritt.
Und nun müssen wir erwägen daß in diese Möglichkeiten sämmtliche
Lebenszustände (die es gibt) eingeschlossen sind, und [müssen erwä-
gen]*) daß uns demnach naturgemäß nur unter ihnen die Wahl
bleibt, und wer daher behaupten wollte Etwas außerhalb dieses
Kreises zu wünschen, der würde damit nur seine Unwissenheit und
Unerfahrenheit in den wirklich vorhandenen Arten des Lebens an
den Tag legen.

6. (§. 277.) Welches aber sind nun diejenigen Arten des
Lebens und wie viel gibt es ihrer, auf die man bei seiner Betrach-

---

*) Die eingeklammerten Worte sind auch schon von Stall-
baum, Hermann und Wagner in Parenthese geschlossen.

tung deſſen was unſerm Wunſche und Willen entſpricht und*)
nicht entſpricht Rückſicht nehmen und ſie zum Geſetze erheben muß,
um ſo nicht bloß das Erwünſchte und Angenehme, ſondern zugleich
das Beſte und Schönſte ſich auserwählt zu haben und ſo glückſelig
zu leben als es für einen Menſchen nur immer möglich iſt? Wir
dürfen behaupten daß eine von ihnen das beſonnene, eine zweite
das weiſe, eine dritte das tapfere Leben ſei, und das geſunde wollen
wir als ein Viertes hinſtellen, und dieſen vier laſſen wir vier andere als Gegenſatz gegenübertreten, das thörichte, feige, zügelloſe,
ſieche Leben. Wer nun eine beſonnene Lebensweiſe kennt, der wird
zugeben müſſen daß ſie milde in allen Stücken iſt, daß ihre Freuden
und Schmerzen einen ruhigen Charakter an ſich tragen, daß ſie
nur gelinde Begierden zeigt [p. 734.] und ſich fern hält von ſinn-
bethörender Liebesglut, während die zügelloſe wild in Allem, heftig
im Schmerz wie in der Freude, voll gewaltiger und raſender Begierden und möglichſt wahnſinniger Liebesglut iſt, und (wird ferner
zugeben müſſen) daß in einem beſonnenen Leben die Genüſſe die
Beſchwerden, in einem zügelloſen aber die Schmerzen die Freuden
an Größe, Menge und Heftigkeit überbieten. (§. 278.) Daher
wird nothwendig (und) naturgemäß jenes die angenehmere und
dieſes die unangenehmere Lebensweiſe ſein, und wer ein angeneh-
mes Leben führen will, von dem iſt es nicht mehr denkbar daß er
aus freiem Antriebe ſich der Zügelloſigkeit hingibt, ſondern, wenn
das jetzt Geſagte richtig iſt, ſo kann dies ein Jeder nothwendigerweiſe nur wider ſeinen Willen thun, und nur von Unkunde oder
von Ohnmacht kann es herrühren[314]) daß der große Haufe der
Menſchen ein Leben führt welches der Beſonnenheit ermangelt.

---

*) „Vor ἀβούλητον ſcheint καὶ ausgefallen zu ſein." Stall-
baum 3. A.

Ebenso nun muß man auch über das sieche und gesunde Leben urtheilen, nämlich daß beide Freuden und Schmerzen mit sich bringen, daß aber bei einem Gesunden die Freuden das Uebergewicht
über die Schmerzen, bei einem Kranken dagegen die letzteren über
die ersteren haben. Nun geht aber (wie gesagt) bei der Wahl
einer Lebensweise unsere Neigung nie auf ein Vorwiegen des
Schmerzlichen, sondern dasjenige Leben in welchem dieses (von
seinem Gegentheile) überboten wird haben wir für das angenehmere erklärt. (§. 279.) Und da nun auch *) in einem weisen Leben, wie wir behaupten möchten, und in dem eines Tapferen zwar
Beides (Lust und Unlust) in geringerer Zahl, in schwächerem Maße
und seltener eintritt als in einem thörichten und in dem eines
Feigen, aber jenes dabei in Bezug auf (das Uebergewicht der) Ge-
nüsse dieses übertrifft, während es in Bezug auf (das der) Schmerzen von ihm übertroffen wird, so ist dem tapferen vor dem feigen
und dem weisen vor dem thörichten Leben der Vorrang zuzuer-
kennen, und so ist denn das besonnene, tapfere, weise und gesunde
angenehmer als das feige, thörichte, zügellose und sieche; mit Einem Worte, diejenige Lebensweise welche mit Tüchtigkeit an Leib
und **) Geist zusammenhängt ist angenehmer als die eines untüch-

---

*) Die Ungehörigkeit der von uns unübersetzt gelassenen Worte
ὁ δὴ σώφρων τοῦ ἀκολάστου erkannten nach Cornarius
Vorgange bereits Ast, Wagner und H. Müller, übersahen
aber daß die bloße Einklammerung derselben nicht genügt,
sondern daß durch ihr Eindringen in den Text zugleich die
unentbehrliche Verbindungspartikel zu καὶ ὁ φρόνιμος κ.
τ. λ. verloren gegangen und wahrscheinlich καὶ δὴ davor
einzuschieben ist. Vergl. Jahns Jahrb. LXXXIII. S.
137 f.

**) „κατὰ σῶμα [ἢ] καὶ κατὰ ψυχήν. Wenn wir das ein-

tigen Körpers und einer laſterhaften Seele, und nicht bloß dies,
ſondern ſie hat überdies auch alle anderen Vorzüge, Schönheit und
Wahrheit, Tugend und Ruhm, im Ueberſchwange auf ihrer Seite.
Wer daher ihr ſich hingibt, dem gewährt ſie auf alle und jede Weiſe
ein glückſeligeres Leben als es diejenige gewähren kann welche ihr
entgegengeſetzt iſt.

7. (§. 280.) Und ſo darf denn der Eingang der Geſetze,
nachdem wir ihn bis hieher gebracht, als zu Ende geführt gelten;
nach dem Eingang muß nun aber das Geſetz ſelber oder, um uns
richtiger auszudrücken, (wenigſtens) der Entwurf der Staatsgeſetze
folgen. Gleichwie nun bei einem Gewirke oder Gewebe ſich Einſchlag und Zettel nicht aus gleichen (Fäden) bereiten läßt, ſondern
die zu dem letzteren genommenen nothwendigerweiſe von vorzüg-
licherer Beſchaffenheit ſein müſſen — er verlangt nämlich ja ein
ſtarkes und feſtgedrehtes*), [p. 735.] der Einſchlag aber ein wei-
cheres Garn von einer gewiſſen angemeſſenen Nachgiebigkeit —: ge-
wiſſermaßen eben ſo muß man vernunftgemäß ſtets zwiſchen Denen
welche hohe obrigkeitliche Würden**) im Staate bekleiden ſollen,

---

gellammerte ῇ gelten ließen, ſo müßten wir überſetzen: an
Leib oder auch an Geiſt — als wenn die Beziehung auf
den Leib die augenfälligere, entſchiedenere und bedeutſamere
wäre, da doch offenbar der umgekehrte Fall ſtattfindet."
H. Müller.

*) Nach Aſts Conjectur ἐν ταῖς στροφαῖς für ἐν τοῖς τρόποις,
der auch H. Müller, Wagner in der Ueberſ. und allem An-
ſcheine nach auch Vögelin folgt.

**) τοὺς μεγάλας ἀρχὰς aus Paris. A. mit allen neueren Her-
ausgebern ſeit Bekker, außer Stallbaum, welcher τοὺς τὰς
ἀρχὰς hat.

und Denen welche nur in geringem Maße die Probe ihrer Erziehung zu bestehen haben, einen Unterschied machen. Es gibt nämlich zwei Hauptstücke der Verfassung: das eine die richtige*) Besetzung der obrigkeitlichen Aemter, und das andere die Gesetze, deren Handhabung den Obrigkeiten übertragen ist. [215])

(§. 281.) Doch vor diesem Allen ist noch erst Folgendes zu beobachten. Kein Schaf-, Rinder- und Pferdezüchter, und was es sonst noch von dieser Art gibt, wird die Wartung irgend welcher Herde anders übernehmen als so daß er zunächst eine Säuberung mit ihr vornimmt, wie ihrer jede Gemeinschaft bedarf; und nachdem er so gesundes und krankes, edles und unedles Vieh von einander geschieden hat, wird er das letztere zu andern Herden fortschicken und nur die Pflege des ersteren übernehmen, weil er wohl weiß daß alle Mühe die er auf die Pflege von Körpern und Seelen verwenden würde welche von Natur und durch schlechte Zucht verdorben sind nicht bloß vergeblich und endlos sei, sondern daß jene ihm noch dazu auch was dem Innern wie dem Aeußern nach von gesunder und unversehrter Art in solchen Herden ist mit zu Grunde richten würden, wenn man die vorhandenen Stücke nicht von allen solchen schadhaften durch und durch säubert. Doch bei den Thieren macht das weniger Sorge, und wir würden es nicht für werth erachtet haben ihrer zu erwähnen, wenn sie uns nicht hätten bloß als Beispiel dienen sollen; aber bei den Menschen muß es die größte Sorge des Gesetzgebers sein zu erforschen und zu bestimmen was einem jeden zukommt, sowohl wenn es sich um jene Säuberung als auch wenn es sich um irgend eine andere Unternehmung handelt.

(§. 282.) Um nun aber zunächst von dieser Säuberung zu

---

*) Dies liegt in ἑκάστοις, s. Ast z. d. St.

sprechen, so dürfte es sich mit ihr folgendermaßen verhalten. Es gibt viele Arten derselben, und bei den einen geht es oberflächlicher, bei den andern aber eindringlicher zu. Diese letzteren sind die besten, aber nur wer Tyrann und Gesetzgeber zugleich ist kann von ihnen Gebrauch machen.²¹⁶) Ein Gesetzgeber dagegen welcher ohne eine solche unbeschränkte Gewalt einen neuen Staat gründet mit neuer Verfassung und neuen Gesetzen wird schon sehr zufrieden sein*), wenn er auch nur die oberflächlichste Säuberung vorzunehmen im Stande ist. Die beste nämlich ist, wie dies bei jedem Heilmittel der Fall ist, schmerzlich, indem sie mit (aller Schärfe der) Gerechtigkeit die gebührende Strafe verhängt und bis zum äußersten Ziele derselben, Tod oder Verbannung, vorschreitet, um die schweren Missethäter, welche unheilbar und vielmehr der größte Verderb des Staates sind, aus demselben zu beseitigen. (S. 283.) Als ein sanfteres Reinigungsmittel aber darf folgendes gelten: alle Diejenigen welche sich aus Mangel an Lebensunterhalt bereit zeigen Denen zu folgen welche sie, die Nichtbesitzenden, zum Angriffe auf das Eigenthum [p.736.] der Besitzenden führen entfernt man als eine im Staate ausgebrochene Krankheit auf möglichst milde Weise aus demselben, indem man dieser ihrer Entfernung **) der guten Vorbedeutung wegen den Namen Kolonie beilegt. Jeder Gesetzgeber muß also zunächst auf diese oder ähnliche Weise verfahren, für uns jedoch bietet diese Auf=

---

*) ἀγαπώντως aus Paris. A., Correctur des Vatic. Ω und Stob. Serm. XLIV, 49 mit Hermann, Schneider, Wagner, Baiter.

**) Wagner empfiehlt statt ἀπαλλαγὴν entweder mit Ast ἀπαλλαγῇ zu schreiben oder das Wort ganz als Glossem zu streichen. Aber ἀπαλλαγὴν läßt eine Construction zu: „indem man diesen ihre Entfernung — mit dem Namen Kolonie belegt."

gabe noch ihre besonderen, ungewöhnlichen Schwierigkeiten dar.
Denn für jetzt läßt sich noch an keine Kolonie denken noch irgend
eine säubernde Auswahl treffen, sondern bei uns fließen gleichsam
von vielen Orten her theils Quellen theils Bergströme in Einen
See zusammen, und wir müssen daher mit aller Aufmerksamkeit
darüber wachen den Zusammenfluß dieses Wassers so rein als
möglich zu machen und zu diesem Zwecke bald auszuschöpfen und bald
in Kanäle ableiten. (S. 284.) Und so ist, wie es scheint, Mühe
und Gefahr (genug) bei jeder Staatseinrichtung. Da wir uns
indessen derselben für jetzt erst in Worten und nicht durch die That
zu unterziehen haben, so wollen wir annehmen, wir hätten bereits
unsere Bürger zusammengebracht, und die Säuberung unserer Gemeinde von allen unlautern Bestandtheilen sei uns bereits nach
Wunsch vollendet. Wir wollen annehmen, wir hätten von Denen
welche in den neu zu gründenden Staat als seine Bürger einzutre-
ten gedachten alle Die welche Nichts taugen nach hinlänglich langer mit ihnen (dieserhalb) angestellter Prüfung mit allen Mitteln
der Ueberredung zurückzubleiben, tugendhafte Leute aber nach
Kräften durch Wohlwollen und Freundlichkeit mitzukommen bewogen.

8. (S. 285.) Es darf aber (auf der andern Seite) auch nicht
unbeachtet bleiben daß uns derselbe glückliche Umstand zu Statten
kommt welcher*), wie (vorhin) bemerkt [317], auch der Kolonie der
Herakliden zu Statten kam, daß nämlich (die unsere) vor heftigem
und gefährlichem Streit über Landvertheilung und Schuldener-

---

*) Statt ὅτι ist wohl, wie auch Wagner urtheilt, mit Schramm
II. p. XV ff. ὅ τι zu schreiben und der Infinitiv εὐτυχεῖν
mit ihm aus aus einer Vermischung zweier Constructionen
zu erklären. S. jedoch Stallbaum 3. A. z. d. St.

laß*) sicher ist, welchen**) einer von den alten***) Staaten, wenn er sich zu einer (neuen) Gesetzgebung gezwungen sieht, weder unangeregt lassen kann noch auch irgendwie anzuregen wagen darf, so daß ihm beinahe nur (fromme) Wünsche und ein leise behutsamer Fortschritt übrig bleiben, mit welchem man binnen langer Zeit nur um Weniges vorrückt. Und (auch) dieser†) wird (nur) da gelingen††) wo diejenigen von denen die Aenderungen ausgehen gerade einen reichen Grundbesitz und selbst viele Schuldner und dabei (auch wirklich) den Willen haben mit den ganz Dürftigen unter diesen großmüthig zu theilen, indem sie ihnen theils ihre Schulden erlassen, theils (sogar) Aecker abtreten, und wo sie somit bis zu einem gewissen Grade (für sich selber) ein mäßiges Vermögen vorziehen und nicht die Verminderung desselben, sondern die Zunahme der Habgier für Verarmung ansehen. (§. 286.) Eine solche Gesinnung ist der bedeutendste Anfang zur Rettung des Staates, und auf ihr als einer festen Grundlage ist es sodann möglich eine neue Staatsordnung zu erbauen, wie man sie einer solchen Lage der

---

*) Ueber die Construction der Worte ὡς γῆς — νομῆς f. Schramm a. a. O. p. XVII.

**) Daß ἥν sich auf ἔριν zurückbeziehe und von ἐᾶν und κινεῖν abhänge zeigt Schramm a. a. O. p. XVIII.

***) Daß τῶν ἀρχαίων mit Ficinus von πόλει abhängig zu machen und das οὐδὲν hinter ἀκίνητον, welches in den Handschriften fehlt, nach Bekkers Empfehlung mit Stallbaum wegzulassen sei, hat Schramm a. a. O. dargethan, und Hermann, Wagner, Baiter haben sich dem angeschlossen. (Baiter klammert οὐδὲν freilich bloß ein.)

†) ἡ δὲ mit allen Herausgebern außer Bekker und Schneider.

††) ὑπάρχει für ὑπάρχειν nach Stephanus Verbesserung mit Ast, Hermann, Wagner, Stallbaum 3. A.

5*

Dinge entsprechend findet. Wo hingegen jene Veränderung nicht gedieh, da [p. 737.] wird auch die weitere Ausgestaltung des Staatswesens für keinen*) Staat einen günstigen Erfolg gewinnen. Der Nothwendigkeit einer solchen Veränderung nun sind wir, wie gesagt, entgangen, nichts desto weniger aber ist es richtiger anzugeben, wie wir es, wenn dies auch nicht der Fall wäre, dennoch anzustellen wüßten ihr zu entgehen. Und so sei es denn nun gesagt daß es außer der Beseitigung der Geldgier und außer der Gerechtigkeit**) durchaus keinen Ausweg, weder einen breiten noch einen schmalen, gibt, um solcher Schwierigkeit zu entrinnen, und sie soll daher gleichsam als die Grundfeste unseres Staates dastehen. (§. 287.) Es müssen nämlich (sogar) Die welche noch alte Schuldklagen gegen einander, wenn anders sie nicht ganz und gar ihren Verstand verloren haben, auf jede Weise (selbst) dafür sorgen daß ihr Vermögen von solchen gegenseitigen Ansprüchen frei werde, und mit ihrem Willen nicht eher in der weiteren Einrichtung (des Staates) vorgehen. Und wenn daher Diejenigen gar denen, so wie jetzt uns, Gott es vergönnt hat ein neues Staatswesen zu gründen, so daß noch kein Hader unter ihnen besteht, einen solchen durch die (Art der) Vertheilung des Landes und der Wohnungen unter sich veranlassen wollten, so würde das eine mehr als menschliche Thorheit und der Gipfel aller Nichtswürdigkeit sein.

---

*) οὐδεμιᾷ statt οὐδεμία nach Bekkers Verbesserung mit Hermann, Wagner, Baiter.

**) Wagner: „außer der Beseitigung der Geldgier vermittelst der Gerechtigkeit." Ast ändert nach dem Vorgange von van Heusde und Heindorf μετ' ἀδικίας „außer der Beseitigung ungerechter Geldgier," was, wie auch Wagner bemerkt, ansprechend, aber unnöthig ist.

(§. 288.) Auf welche Art wird denn nun aber eine richtige Theilung zu Stande kommen? Fürs Erste muß man bestimmen welchen Umfang die Zahl der Bürger*) haben muß. Sodann aber muß man darüber übereinkommen, in wie viele Abtheilungen man sie**) theilen und wie groß jede derselben sein soll. Und endlich sind Land und Wohnungen möglichst gleich zu vertheilen. Welcher Umfang nun für die Menge (der Bürger) hinreicht läßt sich schwer-lich anders richtig bestimmen als nach Maßgabe des Landes und der Nachbarstaaten. Nämlich an Land***) ist so viel erforderlich als dazu hinreicht eine bestimmte Anzahl mäßig und besonnen le-bender Bürger zu ernähren, und mehr bedarf es nicht; die Zahl aber muß sich darnach richten wie viele einigermaßen stark genug sind sich selbst gegen die Unbilden von Seiten der umwohnenden Völker vertheidigen und auch ihren Nachbarn, wenn diese derglei-chen erleiden, beistehen zu können. Wenn wir also Land und Nach-barn kennen gelernt haben, wollen wir hierüber in That und Wort (endgültige) Bestimmung treffen; um aber für jetzt gleich unsere Erörterung vollenden zu können, müssen wir uns mit einem vor-läufigen Plan und Entwurf in derselben begnügen und so zur Ge-

---

*) αὐτῶν für αὐτόν nach Böckhs Verbesserung p. 117 mit allen neuern Herausgebern außer den Zürchern und Bai-ter. Nach Basts Zeugniß steht dies auch im Paris. A.

**) αὐτούς für αὐτοῖς nach Hermanns Verbesserung mit Wag-ner und Baiter. Auch Stallbaum 3. A. ist ihr nicht ab-geneigt.

***) Schneider und Wagner schreiben nach den besten Hand-schriften und Ficinus γῇ, allein das gegenüberstehende πλή-θους δὲ verliert dann jede Construction. Wir behalten daher mit den übrigen Ausg. die Vulg. γῆς bei. Vergl. auch Stallbaum z. d. St.

sezgebung schreiten. (§. 289.) Um also eine möglichst passende Zahl zu nehmen, so mögen 5040 Grundeigenthümer dieselbe bilden und als zukünftige Vertheidiger der Landeseintheilung bastehen, auf gleiche Weise aber (auch) Land und Wohnungen in eben so viele Theile getheilt werden, so daß auf jeden Mann Ein Grundstück kommt. Diese ganze Summe theile man nun in zwei und dann wiederum in drei Theile. Sie läßt sich nämlich auch in vier, fünf und so weiter bis in zehn Theile zerlegen. Denn so viel muß jeder Gesetzgeber von den Zahlen [p. 738.] verstehen (daß er weiß) welche Zahl und um welcher Beschaffenheit willen sie für jeden Staat am Vortheilhaftesten ist [218], und wir dürfen als solche die bezeichnen welche sich durch die meisten und möglichst auf einander folgenden Zahlen bividieren läßt, denn nicht jede Zahl *) ist aller Theilungen und durch jeden Theiler fähig. Die angenommene Summe von 5040 ist für den Krieg, so wie, für alle Geschäfte des Friedens, Verträge und Gesellschaftsunternehmungen, Abgaben und Ländervertheilungen (bequem), weil sie durch nicht mehr als sechszig Zahlen weniger eine getheilt werden kann [219] und dabei durch alle ununterbrochen von eins bis zehn.

9. (§. 290.) Hievon mögen Die denen das Gesetz solche Rechnungen anzustellen überträgt sich bei Muße genauer überzeugen, denn es verhält sich nicht anders als so damit. Der aber welcher einer neuen Staat zu gründen hat ist aus folgendem Grunde auf diesen Punkt aufmerksam zu machen. Gleichviel ob Jemand einen neuen Staat von Grund aus einzurichten oder aber einen alten, in Verfall gerathenen zu erneuern hat, so wird er, wenn er

---

*) οὐ μὲν δή statt ὁ μὲν δή nach Cornarius, Serranus, Schultheß und Böckh (p. 54) mit Ast, den Zürchern, Hermann, Wagner, Baiter.

flug ist, hinsichtlich der Götter und hinsichtlich Dessen welchen Göttern und Dämonen man im Gebiete des Staates Heiligthümer zu errichten und ihrem Namen zu weihen habe, nie Etwas an Demjenigen zu ändern versuchen zu dessen Einführung Aussprüche aus Delphi oder Dodona oder vom Ammon oder (sonstige) uralte Aussprüche welche auf Diesen oder Jenen so oder so, sei es durch äußere Zeichen oder, wie es hieß, durch göttliche Eingebung [220] überzeugende Kraft ausübten*), bewogen hatten, indem in Folge dessen Opfer verbunden mit Weihungen, bald einheimische, von Ort und Stelle gebürtige, bald tyrrenische oder kyprische [221] oder irgend woher sonst entlehnte, eingerichtet und Orakel, Bildsäulen, Altäre, Tempel und heilige Bezirke den verschiedenen Göttern und Dämonen geweiht wurden. (§. 291.) Von diesem Allem (sage ich) darf der Gesetzgeber auch nicht das Geringste verändern und muß vielmehr jedem Landestheile seinen (besonderen) Gott, Dämon oder auch Heros zuweisen und diesen bei der Landestheilung zuerst ihre auserlesenen heiligen Bezirke und was sonst zu ihrer Verehrung gehört geben, damit zu bestimmten Zeiten die Bewohner jedes Landestheils ihre Zusammenkünfte (bei denselben) halten, welche einem Jeden eine passende Gelegenheit geben für die Anschaffung alles Dessen was er bedarf zu sorgen, und alle bei Gelegenheit der (gemeinsamen) Opfer Zutrauen zu einander gewinnen und mit einander bekannt und befreundet werden [222]), da es kein größeres Gut für einen Staat gibt als wenn seine Bürger genau einander kennen. Denn wo sie kein Licht über ihre gegenseitigen Charaktere haben, sondern über dieselben im Dunkel tappen, da dürfte Keinem

---

*) Ob πείσαντος mit Recht oder Unrecht von Hermann und Baiter in Parenthese gesetzt ist wage ich für jetzt nicht zu entscheiden.

je die ihm gebührende Ehre und obrigkeitliche Würde noch das ihm
zukommende Recht jemals richtig zu Theil werden. Es muß daher
(auch) jeder Bürger in jedem Staate vor allen andern Dingen sich
dessen befleißigen, theils sich selbst gegen Jedermann ohne Falsch
und vielmehr stets einfach und wahr zu zeigen, theils auch sich nicht
durch Andere mit ihrer Falschheit täuschen zu lassen. ²²³) [p. 739.]

(§. 292.) Indem ich nunmehr aber gleichsam den Stein in
dem Brettspiel meiner Gesetzgebung von der heiligen Linie weg-
ziehe ²²⁴), so dürfte dieser Zug wegen seiner Ungewöhnlichkeit leicht
die Zuhörer anfänglich in Verwunderung setzen. Doch bei nähe-
rem Nachdenken und angestelltem Versuche wird es einem Jeden
klar werden daß der Staat (mindestens) die zweitbeste Einrichtung
hiedurch erhalten wird, und dann wird man diesem Zuge wohl nur
noch deßhalb seine Billigung versagen können, weil ein solcher
Schritt ungewöhnlich für einen Gesetzgeber ist welcher nicht zugleich
die unumschränkte Gewalt eines Tyrannen in Händen hat. ²²⁵) Es
ist nämlich das Richtigste, eine beste, eine zweit- und eine drittbeste
Verfassung hinzustellen ²²⁶), und sodann zwischen ihnen Demjenigen die Wahl zu lassen welcher über die Einrichtung eines Gemein-
wesens die Entscheidung hat. Und hiernach wollen denn jetzt auch
wir eine solche dreifache Staatsverfassung nach dem Grad ihrer
Vortrefflichkeit unterscheiden und sodann dem Kleinias die Wahl
überlassen oder wer sonst einmal eine ähnliche Auswahl treffen und
nach seiner Sinnesweise sich Das aneignen will was ihm für sein
Vaterland davon gefällt. ²²⁷)

10. (§. 293.) Der erste Staat, die vollkommenste Verfassung und die besten Gesetze nun sind*) die wo das alte Wort so
sehr als möglich im gesammten Staate in Erfüllung geht, das da

---

*) S. Anm. 224, 230 und die Einl. S. 974. 977 ff.

lautet daß Freunden in Wahrheit Alles gemein sei. Eine solche Einrichtung also, mag sie nun jetzt irgendwo bestehen oder in Zukunft einmal eintreten, daß die Frauen, daß die Kinder, daß alle Besitzthümer gemeinschaftlich sind und*) das Wort Eigen schlechterdings ganz (und) in jeder Weise aus dem Leben gestrichen und nach Möglichkeit (sogar) darauf hingearbeitet ist daß auch Das was von Natur (besonderes) Eigenthum (eines Einzelnen) ist bis zu einem gewissen Grade gemein gemacht werde, so daß z. B. Augen, Ohren und Hände gemeinschaftlich zu sehen, zu hören und zu arbeiten scheinen, und ferner auch darauf daß auch im Lob und Tadel Alle möglichst einstimmig sind und über Dasselbe Freude so wie Trauer empfinden — kurz, (eine solche Einrichtung, sage ich) und solche Gesetze, die (so**) mit aller Kraft die größtmögliche Einheit des Staates hervorrufen, haben eine Höhe der Vortrefflichkeit erreicht welche Nichts was richtiger und besser wäre als denkbar erscheinen läßt. (S. 294.) Mögen einen solchen Staat nun Götter oder Göttersöhne und mag es denkbar sein, daß mehrere als Einer von ihnen denselben bewohnen²³⁸), so werden sie in Heil und Freude in ihm ihr Leben zubringen, und demnach darf man auch in keinem anderen das höchste Muster einer Verfassung suchen, sondern muß

---

*) Jedenfalls steckt hier im Terte eine Verderbniß, und Stallbaum dürfte wohl das Richtige getroffen haben wenn er vorschlägt ἐξήρηται und μεμηχάνηται in ἐξῃρῆσθαι (dies wollte auch schon Stephanus) und μεμηχανῆσθαι zu verwandeln. Demgemäß haben wir denn auch übersetzt.

**) Ein Wort von dieser Bedeutung entbehrt man ungern im Text. Sollte nicht οὕτως vor οἵτινες ausgefallen sein?

an dieses sich halten und.es so weit als möglich zu verwirklichen
bemüht sein.   Und so dürfte denn der Staat, an welchen wir jetzt
Hand gelegt haben, wenn er wirklich ins Leben tritt, diesem Dasein
Unsterblicher am Nächsten kommen und ihm (auch) in Rücksicht der
Einheit der zweite Rang gebühren.   Die dritte Stufe aber wollen
wir später, wenn es Gottes Wille ist, ausführen.²²⁹)   Und wie
werden wir nun die uns jetzt vorliegende beschreiben und auf welche
Art wird sie nach unserer Meinung zu Stande kommen?

(S. 295.)   Fürs Erste sollen Land und Wohnungen vertheilt
und der Ackerbau nicht gemeinschaftlich betrieben werden, [p. 740.]
denn dies wäre von der jetzigen Menschenart²³⁰) und ihrer Er-
ziehung(s-) und Bildung(sfähigkeit) zu viel gefordert.   Wohl aber
sollen unsere Bürger bei dieser Vertheilung so etwa dies im Sinne
behalten, daß Jeder den Theil welcher ihm durch das Loos zufällt
als Gemeingut des ganzen Staates zu betrachten hat, und da dieses
Land so seines Vaterlandes Erde ist, so muß er dieselbe noch mehr
hegen und pflegen*) als Kinder ihre Mutter, so fern ja (überdies)
die Erde ein göttliches Wesen ist und als solches über uns Sterbliche zu gebieten hat.   Gleiche Gesinnungen müssen sie aber auch
gegen die einheimischen Götter und auch Dämonen hegen.   Damit
aber dieselben sich für alle Zukunft erhalten, so ist auch darauf zu
denken daß gerade so viele häusliche Herde als sie so eben von uns
vertheilt wurden auch für immer bleiben und sie nie vermehrt
oder verringert werden.   Dies dürfte nun aber auf folgende Weise
im ganzen Staate sein festes Verbleiben finden. (S. 296.)   Ein
Jeder soll zum Erben seiner Wohnung und seines Grundstückes,
welche ihm durchs Loos zu Theil geworden sind, stets nur Einen

---

*) Stallbaum 2. und 3. A. setzt δεῖ in Parenthese: „daß er
dieselbe — pflegen muß.“

seiner Söhne, und zwar den welchen er am Meisten lieb hat, einsetzen, der dann auch als sein Nachfolger in Bezug auf seine Pflichten gegen die Götter, Haus und Staat, Lebende und dermalen schon
Vollendete eintritt. Was die anderen Kinder anlangt, falls Jemand deren mehrere hat, so soll er die weiblichen Geschlechts nach
dem darüber festzustellenden Gesetze [331]) verheirathen, die Knaben
aber den jüngeren Bürgern die keine (männliche) Nachkommenschaft
haben als Söhne zutheilen, und zwar denen unter ihnen welchen
er sie am Liebsten gibt und die sie am Liebsten nehmen. Fehlt es aber
Diesem oder Jenem an solchen freundschaftlichen Beziehungen, oder
hat er eine allzu große Zahl von männlichen und weiblichen Nachkommen, oder mangelt es im Gegentheil bei (allgemeiner) Unfrucht-
barkeit (überhaupt) an einer genügenden Zahl von solchen: so soll
für alle diese Fälle diejenige Behörde welche wir als die höchste
und ehrenvollste einsetzen werden [332]) in Erwägung ziehen, welche
Maßregeln sowohl die Bürger welche zu viel Kinder haben als
auch die welche derselben ganz ermangeln zu ergreifen haben, und
so viel als möglich auf Mittel denken um die Zahl von 5040 Wohnungen stets unverrückt zu erhalten. (§. 297.) Solcher Mittel
aber gibt es viele. Denn (öffentliche) Ehrenbezeugungen und Eh-
renkränkungen, so wie Ermahnungen der jüngeren Leute durch die
Greise mittelst zurechtweisender Worte, treten uns als solche Mittel
zur Hemmung allzureichlicher Zeugung und zur Beförderung der
Mühe und Anstrengung welche man auf die Vermehrung der Nachkommenschaft verwenden soll entgegen, und zwar als solche die ganz
geeignet sind*) den besprochenen Zweck zu erfüllen. Und wenn

---

*) δύναται für δύνανται nach Schneiders Verbesserung mit
    Wagner, was auch wir der auch von Vögelin vorgeschlage-
    nen Einklammerung von εἰσί durch Hermann und Baiter
    und allen sonstigen Vorschlägen vorziehen.

denn im äußersten Falle schlechterdings die Unmöglichkeit eintritt die Zahl der 5040 Häuser unverrückt zu erhalten und ein Ueber= schuß von Bürgern durch die vielfachen Verbindungen derselben mit einander sich für uns ergibt und uns in Verlegenheit setzt, so bleibt uns ja noch das alte, bereits mehrfach [233]) erwähnte Mittel, nämlich die Aussendung Derer welche dazu geeignet erscheinen als Kolonisten auf dem Wege freundschaftlicher Uebereinkunft. Und [p. 741.] wenn umgekehrt eine Alles überschwemmende Flut von Seuchen oder ein vertilgender Krieg hereinbrechen und so unsere Bürger durch den Verlust ihrer Kinder weit unter die festgesetzte Zahl herabsinken sollten, dann gilt der Grundsatz daß man zwar freiwillig keine neuen Bürger aufnehmen darf die nicht die ächte Erziehung durchgemacht haben, daß aber die Nothwendigkeit, wie man sagt, selbst ein Gott nicht zu bezwingen vermag. [234])

11. (§. 298.) Und so kommt es uns denn vor als ob die jetzt gegebene Auseinandersetzung uns folgende Ermahnung gäbe: ihr Trefflichsten aller Männer, lasset nimmer ab Gleichheit, Be= ständigkeit und innere Uebereinstimmung nach den Gesetzen der Na= tur in Ehren zu halten sowohl in Ansehung der Zahl als auch alles Dessen was guter und löblicher Art ist. Und so sucht denn nunmehr fürs Erste euer ganzes Leben hindurch die erwähnte Zahl aufrecht zu erhalten, und haltet sodann das richtige Maß der Höhe und Größe eures Besitzes, wie ihr sie zu Anfang einander zuge= theilt habt, in Ehren, indem ihr Nichts von demselben unter ein= ander kauft und verkauft, denn das würde weder der Gott der in dem Jedem das Seine zutheilenden Loose waltete *) noch auch der Ge= setzgeber gut heißen; vielmehr ist dies die erste Uebertretung, auf

---

*) κλῆρος für κλῆρον aus Paris. A. mit Bekker, Hermann, Schneider, Wagner, Baiter.

welche das Gesetz (Strafe) setzt, indem es im Voraus erklärt daß
wer an der Verloosung Antheil nehmen wolle sich folgende Bedingungen gefallen lassen müsse oder aber nicht zugelassen werde: daß
zuvörderst das Land allen Göttern geweiht sei, und daß ferner die
Priester und Priesterinnen*) ein dreimaliges Opfer anstellen und
bei jedem Male das Gelübbe ablegen sollten, Derjenige welcher
von den ihm zugefallenen Gebäuden oder Ländereien (Etwas) ver-
kaufte solle sammt dem Käufer die gebührende Strafe erbulden.
(S. 299.) Zu diesem Zwecke aber soll (das Eigenthum eines Jeden)
auf cypressene Denktafeln für alle Folgezeit verzeichnet und diese in
den Tempeln niedergelegt werden. Ueberdies soll die Ueberwachung
dessen daß dies Alles wirklich geschehe einer solchen Behörde der
man den schärfsten Blick zutrauen darf [235]) übertragen werden, damit keine der dawider vorkommenden Umgehungen verborgen bleibe,
sondern man den dem Gesetze und dem Gotte zugleich Ungehorsa-
men zur Strafe ziehe. Welchen großen Vortheil nun aber diese
Vorschriften einem jeden Staate der sie befolgt gewähren, wenn
anders nur alles sonst noch für sie Erforderliche wirklich mit ihnen
verbunden ist, darüber macht, um mit dem alten Sprüchwort zu
reden, nur Erfahrung klug; und nicht ein nichtsnutziger Mensch,
sondern nur einer von erprobter Rechtschaffenheit kann mithin darüber urtheilen. Denn eine solche Einrichtung bietet eben keine sonder-
liche Gelegenheit sich zu bereichern dar, sondern bringt es vielmehr
mit sich daß es weder nothwendig noch erlaubt ist irgend einen von
den eines freien Mannes unwürdigen Erwerbszweigen zu betreiben, indem schon der unehrenhafte Name des Handwerksmäßigen
ein edles Gemüth zurückschreckt, noch auch nur den Wunsch zu hegen daß man auf diese Weise Geld sammeln möchte. [236])

*) Vgl. Anm. 283.

12. (§. 300.) Mit diesem Allen hängt nun noch das fernere
[p. 742.] Gesetz zusammen daß es keinem Privatmann gestattet ist
Gold und Silber zu besitzen, sondern nur eine (eigens dazu geschla-
gene) Münze, um den Handwerkern und allen andern Leuten ähnlicher Art welche für Lohn arbeiten, Sklaven und Beisassen, im täg-
lichen Verkehre, in welchen man beinahe nothwendig mit ihnen
treten muß, diesen ihren Lohn bezahlen zu können, und darum, wollen wir, soll man in unserem Staate eben eine Münze gebrauchen
die nur innerhalb seiner eignen Werth hat, in allen andern Staaten
aber Nichts gilt. [237]) Eine gemeinsame griechische Münze aber,
die für den Krieg und den Verkehr mit fremden Staaten erforderlich ist, wie z. B. wenn es Gesandtschaften und andere nothwendige
öffentliche Ankündigungen durch Herolde, auszurichten gibt, muß
zu eben diesem Zwecke freilich der Staat (selber) stets besitzen*);
(§. 301.) wenn dagegen für einen Privatmann einmal die Nothwendigkeit eintritt außer Landes zu gehen, so soll er sich dazu bei
der Obrigkeit zuvor die Erlaubniß einholen [238]), und wenn er sodann mit irgend welcher fremden Münze die er noch übrig behalten
hat nach Hause zurückkehrt, so soll er sie in die Staatskasse ablie-
fern und den Werth in einheimischer dafür zurückempfangen. Würde
aber entdeckt daß er Etwas für sich behalten, so soll es vom Staate
eingezogen werden, und nicht bloß Der welcher diese Münze ins
Land gebracht, sondern auch wer mit darum gewußt und es nicht
angegeben hat, soll mit Fluch und Schande belegt werden und
außerdem noch eine Buße bezahlen welche nicht geringer ist als die
Summe des von Jenem mitgebrachten fremden Geldes. Wer fer-

---

*) Das zweite νόμισμα Έλληνικόν ist vielleicht nicht mit Un-
recht von Ast weggelassen und von Wagner in Parenthese
gesetzt.

ner heirathet ſoll keine Mitgift nehmen, und wer ſeine Tochter verheirathet keine geben.²³⁹) Wer ferner Geld bei einem Andern
niederlegt wird ihm (auf eigene Gefahr) vertrauen, und Jeder ſoll
ſich hüten auf Zinſen zu leihen, da es dem Schuldner freiſteht ſie
nicht zu bezahlen, ja nicht einmal das Capital zurückzugeben.

(§. 302.) Daß es nun am Beſten für einen Staat ſei unter
ſolchen Einrichtungen zu ſtehen, davon wird ſich ein Jeder überzeugen können, wenn er, wie billig, bei der Betrachtung welcher er
ſie unterwirft, ſie beſtändig auf den Urſprung und Endzweck (des
Staates) bezieht. Es iſt nämlich der Zweck welchen ein verſtän-
diger Staatsmann vor Augen hat, behaupten wir, nicht der welchen
ihm der große Haufe vorſchreiben dürfte, (indem er dahin urtheilt)
ein guter Geſetzgeber müſſe darauf ausgehen, wenn anders er einen
Staat bei ſeiner Geſetzgebung (wirklich) gut bedenken wolle, den-
ſelben ſo groß und ſo reich, als möglich zu machen, ſo daß er Gold
und Silber (in Fülle) beſitze und über Länder und Meere in weite-
ſter Ausdehnung herrſche. Allenfalls wird dann noch hinzugeſetzt
daß der rechte Geſetzgeber auch den Zweck verfolgen müſſe, Tugend
und Glückſeligkeit möglichſt im Staate zu verbreiten. Allein die
Verbindung aller dieſer Abſichten mit einander kann nur theilweiſe
erreicht werden, und der Begründer einer (neuen) Staatsordnung
muß denn doch wohl (nur) das Erreichbare ſich zum Ziele ſetzen
und das Unerreichbare dagegen nicht vergeblich verfolgen noch
auszuführen verſuchen. (§. 303.) Nämlich daß die Bürger,
wenn tugendhaft, ſo auch zugleich glückſelig werden, Das kann
(ſogar) kaum anders ſein, und Dies muß er ſich alſo (Beides zugleich) zum Zwecke machen; daß ſie dagegen ſehr reich und doch zugleich tugendhaft werden, Das iſt etwas Unerreichbares, wenn man
nämlich unter Reich Dasjenige verſteht was der große Haufe ſo
nennt. Derſelbe bezeichnet nämlich damit Diejenigen welche wie

wenige Andere Besitzthümer von dem höchsten Geldwerthe haben,
zu denen eben auch ein lasterhafter Mensch gelangen kann. Wenn
sich dies aber so verhält, so werde ich nie der Menge [p. 743.] ein=
räumen daß ein reicher Mann in Wahrheit glücklich sei, wenn er
nicht zugleich tugendhaft ist; daß aber eben ein ausnehmend reicher
Mann auch besonders tugendhaft sei halte ich für eine Unmöglichkeit.
Warum denn? wird man mich vielleicht fragen. Weil, werde ich
erwidern, nicht bloß der redliche und ungerechte Gewinn zusammen
mehr als das Doppelte des bloß redlichen beträgt, sondern auch
weil der Aufwand Dessen den jede Ausgabe verdrießt, mag sie nun
zu ehrenvollen oder schändlichen Zwecken bestimmt sein, um das
Doppelte kleiner ist als der braver Leute welche zu löblichen Zwecken
keine Ausgabe scheuen. (S. 304.) Niemals aber kann Der welcher
nur die halben Einnahmen und dabei doch die doppelten Ausgaben
hat der Reichere sein. Wohl aber ist er der Tugendhafte, jeder
Andere aber, so lange er wirklich sparsam ist, wenigstens nicht (ganz)
lasterhaft, sonst aber bis zum höchsten Grade, wirklich tugendhaft
aber, wie nunmehr aus dem eben Gesagten folgt, niemals. Denn wer
(überall) auf gerechte wie auf ungerechte Weise Gewinn zieht, und
weder zu gerechten noch zu ungerechten Dingen ausgibt, wird (wie
gesagt) reich [wenn er auch sparsam ist]*), der im höchsten Grade
Lasterhafte aber pflegt, weil er meistens ein lüderlicher Schwelger
ist, sehr arm zu sein; wer endlich Ausgaben zu edlen Zwecken nicht
scheut und nur auf gerechtem Wege erwirbt, wird zwar schwerlich

---

*) Die eingeklammerten Worte, oben nothwendig, erscheinen
hier als ein sehr müssiger Zusatz; denn wer weder zu guten
noch zu schlechten Zwecken ausgibt, der ist ja eben damit
bereits sparsam oder richtiger mehr als dies. Vgl. Jahns
Jahrb. LXXXIII. S. 138.

ausnehmend reich, aber auch nicht ganz arm werden; und so ist denn unsere Behauptung bewiesen daß die übermäßig Reichen nicht wirklich tugendhaft sind. Sind sie aber dies nicht, so sind sie auch nicht glücklich.

13. (S. 305.) Das aber war eben der Zweck welchen wir unseren Gesetzen zu Grunde legten, daß unsere Bürger möglichst glücklich und daß sie möglichst einträchtig und befreundet unter einander seien.²⁴⁰) Es möchten dies aber die Bürger schwerlich dort sein wo viele Rechtsstreitigkeiten unter ihnen stattfinden und viele Ungerechtigkeiten von ihnen gegen einander verübt werden, sondern da wo dies in möglichst unbedeutendem Grade und möglichst selten geschieht. Und eben deßhalb behaupten wir daß es weder Gold noch Silber im Staate geben, noch auch ein bedeutender Gelderwerb durch Handwerke, Wucher oder schimpflichen Viehhandel*) in ihm Platz greifen dürfe, sondern man sich mit dem aus dem Ertrage des Landbaues begnügen müsse²⁴¹), und auch ihn nicht so weit treiben dürfe um dadurch gezwungen zu werden über die Sorge für Gut und Habe Dasjenige zu vernachläßigen um deßen willen Gut und Habe überhaupt vorhanden sind. (S. 306.) Dies aber sind Seele und Körper, welche ohne die (Schule der) Turnkunst und alle sonstige Ausbildung es schwerlich je zu etwas Rechtem bringen. Deßhalb bemerkten wir denn auch mehr als einmal²⁴²) daß man der Sorge um das Vermögen die niedrigste Stelle anweisen müsse, und daß, wenn es insgesammt breierlei Dinge gibt auf welche das Streben jedes Menschen gerichtet ist, Habe und Gut bei einem richtigen Bemühen um dieselben erst das dritte und letzte, dagegen der Körper das zweite und die Seele das erste ist; und so ist denn auch die Verfassung welche wir jetzt durchgehen erst dann richtig durchgeführt wenn sie

---

*) Oder sind die βοσκήματα αἰσχρὰ vielleicht Sklaven? (W. T.)

diese Rangordnung festhält. Wenn sie dagegen irgend ein Gesetz an=
ordnen sollte von welchem sich zeigt [p. 744.] daß es der Gesund=
heit der Bürger den Vorrang vor der Besonnenheit oder dem Reich=
thum vor der Gesundheit und Besonnenheit gibt, so zeigt sich hierin
eine mangelhafte Durchführung. Die Frage muß daher der Gesetz=
geber sich öfters vorlegen: „was ist mein Zweck?" und „ob ich wohl
Dies oder Jenes erreiche oder vielmehr mein Ziel verfehle?" Denn
nur so und nicht anders wird er selbst seine Gesetzgebung glücklich
zu Ende zu führen und Andere dieser Mühe zu überheben vermögen.

(§. 307.) Es soll also, gebieten wir, Niemand anders als
unter den vorgeschriebenen Bedingungen den ihm zugefallenen Lan=
desantheil antreten, und schön wäre es wenn ein Jeder auch in
allen anderen Stücken mit gleichem Vermögen wie die Uebrigen in
die Kolonie einträte. Da Dies nun aber nicht möglich ist, sondern
der Eine mehr, der Andere weniger Vermögen mitbringen wird,
so müssen aus mancherlei Gründen, und namentlich um eine Aus=
gleichung des Verhältnisses (aller Bürger) zum Staate herbeizufüh=
ren*), nach dem ungleichen Vermögen verschiedene Schatzungs=
klassen gemacht werden, damit obrigkeitliche Würden [243]), Abgaben
und Nutzungen (in allen Stücken) nach**) dem abgeschätzten
Vermögensbestande eines Jeden vertheilt werden, und man nicht
bloß nach Maßgabe der Tüchtigkeit seiner Voreltern so wie sei=
ner selbst und leiblicher Stärke und Schönheit, sondern auch von

---

*) Wie diese Stelle zu emendieren sei, darüber wage ich keine
  Vermuthung, ja nicht einmal die Behauptung daß ich den
  Sinn derselben richtig getroffen habe, jedenfalls hoffe ich
  aber, richtiger als Stallbaum 3. A. z. d. St.

**) Vor τὴν τῆς ἀξίας τιμὴν scheint, wie auch Stephanus und
  Stallbaum 3. A. urtheilen, κατὰ ausgefallen.

Vermögensbesitz oder Armuth*), also mit völlig gleichmäßiger Berücksichtigung aller ungleichmäßigen Verhältnisse, so daß Jedem das Angemessene zu Theil wird, zu den Ehrenstellen und Aemtern gelange und somit kein Zwist hierüber entstehen kann. Deßwegen muß man denn nach der Größe des Vermögens vier Schatzungs-klassen machen und so Bürger erster, zweiter, dritter und vierter Ordnung, oder mit welchem andern Namen man sie (hiernach) bezeichnen will, unterscheiden, mögen sie nun dabei in derselben Schatzung bleiben oder aus Armen reicher oder arm aus Reichen werden, in welchem Falle sie dann in die ihnen (nunmehr) zukom-mende Klasse übergehen. [244])

(S. 308.) Hieran möchte ich nun aber wieder folgenden Ge-setzesentwurf als zunächst hiemit zusammenhängend anschließen. Es muß nämlich, wie ich meine, in einem Staate welcher von der größten aller Krankheiten frei bleiben soll, welche man Aufruhr oder noch richtiger Spaltung nennt, weder der eine Theil der Bürger in drückender Armuth, noch der andere in (übermäßigem) Reichthum leben, da dies Beides**) jenes Beides erzeugt, und so muß denn der Gesetzgeber nunmehr jedem von Beiden (Armuth und Reichthum) eine (feste) Grenze setzen. Die Grenze der Armuth sei demnach der Werth des erloosten Landesantheils, in dessen Besitz man sich erhalten muß und dessen Verringerung weder irgend ein Beamter noch auch sonst Jemand welcher Ehre und Tugend liebt ruhig mit ansehen darf; und nachdem der Gesetzgeber so dies (nach der Einen

---

*) πενίαν aus Paris. A. statt πενίας mit Ast, Schneider, Baiter.

**) ἀμφοτέρων — ἀμφότερα aus dem Ricard. h. und Florent. δ. mit Stallbaum, den Zürchern, Hermann, Wagner, oder auch ἀμφότερα — ἀμφοτέρων mit Vögelin, Ast und Bai-ter (s. Baiters Vorr.), während alle andern Handschriften ἀμφότερα — ἀμφότερα haben.

6*

Seite) als Maß hingestellt hat, mag er (nach der andern) erlauben seinen Besitz auf das Zwei-, Drei-, ja Vierfache hievon auszudehnen. (§. 309.) Wenn aber Jemand noch mehr im Besitz hat, so soll er den Ueberschuß, gleichviel ob er ihn durch einen Fund oder eine Schenkung oder durch Geschäftserwerb oder durch irgend sonst einen Glücksfall sich erworben hat, [p. 745.] an den Schatz des Staates und seiner Schutzgötter*) abgeben, wenn er anders seinen guten Namen erhalten und sich vor Strafe bewahren will. Wenn aber Jemand diesem Gesetze nicht Folge leistet, so soll es anzeigen wer da will und dafür die Hälfte (der betreffenden Summe) zur Belohnung empfangen, der Schuldige überdies den Betrag des Ueberschusses noch einmal als Strafe bezahlen, die andere Hälfte aber an die Götter fallen. [245] Das gesammte Besitzthum Aller aber, mit Ausnahme des ihnen durch das Loos zugewiesenen, soll aufgezeichnet und diese Aufzeichnungen an einem öffentlichen Orte bei der Behörde welcher das Gesetz die Ueberwachung dieser Verhältnisse übertragen hat [245b] niedergelegt werden, um in allen Rechtsstreitigkeiten, so weit sie sich auf Geldangelegenheiten beziehen, die Entscheidung recht leicht und klar zu machen.

14. (§. 310.) Hiernächst werden wir verordnen daß die Stadt möglichst in der Mitte des Landes liege und daß man unter allen vorhandenen Oertlichkeiten diejenige für sie auswähle welche auch sonst alle Vortheile für sie darbietet, welche zu erkennen und anzugeben nichts Schwieriges ist. Sobann soll man zuvörderst die sogenannte Burg anlegen, indem man ein Heiligthum der Hestia, des Zeus und der Athene [246] daselbst gründet und (das Ganze) mit einer Ringmauer umgibt, und soll dann von hier aus die Stadt selbst und das ganze Land in ihre zwölf Theile zerlegen, denen dadurch ein gleicher Werth zu geben ist daß man die von gutem Lande

---

*) S. Anm. 246.

klein und die von schlechtem größer macht. Dann theile man dieselben weiter in 5040 Grundstücke und wieder jedes derselben in
zwei Theile und lasse stets zwei solcher Theile auf Ein Loos fallen,
so daß ein solches stets sowohl etwas von dem näher (bei der Stadt)
als von dem ferner (von ihr) liegenden Acker in sich schließt*), und
zwar**) der zunächst an der Stadt gelegene Theil mit dem an den
äußersten Landesgrenzen gelegenen zusammen ein solches bildet, und
dann wieder der welcher von der Stadt aus der zweite mit dem
welcher es von der Grenze aus ist, und immer so weiter.³⁴⁷) (§. 311.)
Dabei muß man aber dafür sorgen daß man auch bei diesen Theilen (jedes Grundstücks) das so eben Besprochene, nämlich die
Schlechtigkeit und Güte des Bodens, dadurch wieder ausgleicht daß
man sie größer oder kleiner macht. Sodann müssen aber auch die
Männer in zwölf Abtheilungen getheilt werden, nachdem man auch das
übrige Vermögen (Aller) aufgezeichnet³⁴⁸) und auch dessen möglichst gleiche Vertheilung in die zwölf Theile angeordnet hat. Und
alle diese zwölf Theile sollen hernach durch das Loos unter zwölf
Götter vertheilt und jeder derselben dem Gotte welchem er dabei
zufällt geweiht und (nach ihm) benannt werden, alle insgesammt
aber Bezirke (Phylen) heißen.³⁴⁹) Auch die Stadt ferner muß
auf dieselbe Art in ihre zwölf Theile getheilt werden wie das übrige
Land, und darnach sind denn einem Jeden auch zwei Wohnungen
anzuweisen, die eine nach der Mitte, die andere nach den Grenzen

---

*) Daß in ἑκάτερον ein Fehler steckt haben Ast und Stall-
baum 3. A. richtig bemerkt, da es aber an jeder sichern
Emendation fehlt, so haben wir vorgezogen dies Wort ganz
unübersetzt zu lassen.

**) Auch im Folgenden steckt wohl eine Textesverderbniß, s.
Stallbaum 3. A. z. d. St., doch scheint der von uns wieder-
gegebene Sinn zum Mindesten der richtige zu sein.

des Landes zu. ²⁵⁰) Und damit möge denn die Anlage des Staates ihr Ende haben.

15. (§. 312.) Indessen müssen wir dabei jederzeit bedenken
daß alles bisher Entwickelte schwerlich je auf so günstige Bedingungen trifft daß Alles dabei so ganz nach dem vorgezeichneten
Entwurfe gerathen kann [p. 746.] und sich Männer finden die eines
solchen Gemeindelebens nicht überdrüssig werden, sondern sich mit
dem Besitze eines festbestimmten und nur mäßigen Vermögens zufrieden geben und die angegebenen für Jedermann feststehenden
Vorschriften über Kinderzeugung, so wie die Entbehrung des Gol-
des, und alle andern Gebote welche der Gesetzgeber nach Maßgabe
unserer bisherigen Erörterungen offenbar ihnen geben wird, ferner
den Besitz eines Grundstücks in der Mitte und eines andern im
Umkreise des Landes und einer Wohnung in der Mitte und einer im
Umkreise der Stadt gefallen lassen, so wie Dies ihnen der Gesetzgeber vorgeschrieben hat, wobei es Manchem vorkommen möchte
als ob er Träume erzählte ²⁵¹) oder einen Staat und seine Bürger
gleichsam aus Wachs formen wollte. Und allerdings sind dergleichen Einwände gar nicht so unrichtig, nur aber muß Jeder*) dabei
Dies bei sich erwägen daß der Gesetzgeber uns hierauf erwidern
wird: (§. 313.) Glaubet nur nicht, liebe Freunde, bei diesen
euren Einwürfen daß ich nicht selber schon daran gedacht habe, wie
sich Dergleichen mit einem gewissen Rechte mir entgegenhalten
läßt; aber ich bin der Meinung daß es bei allen Unternehmungen
das Richtigste ist wenn man sich ein Muster aufstellt, wie das Un-
ternommene ausfallen soll, und es diesem an der höchsten Schönheit und Wahrheit nicht fehlen läßt. Ist es dann unmöglich das

*) πάντα λαμβάνειν für ἐπαναλαμβάνειν aus Paris. A. mit
Schneider, Wagner und Stallbaum 3. A.

eine oder das andere Stück deſſelben wirklich zur Ausführung zu
bringen, ſo läßt man dieſes eben fallen und führt es nicht aus; aber
was unter dem Uebrigen Dieſem am Nächſten ſteht und ſeiner Na=
tur nach am Meiſten mit Dem was ſich auszuführen ziemt ver=
wandt iſt, Das muß man dann auf jede Weiſe ins Werk zu ſetzen
ſuchen. Alſo laſſe man auch den Geſetzgeber ſeinen Plan (ruhig)
zu Ende führen, und erſt wenn dies geſchehen iſt, dann unterſuche
man gemeinſam mit ihm was von ſeinen Ausführungen (wirklich)
von Anwendbarkeit und was dagegen in der (wirklichen) Geſetz=
gebung nicht durchführbar ſei. Denn auch ſelbſt der Meiſter eines
auch nur geringfügigen Werkes muß etwas in allen Stücken in ſich
ſelber Zuſammenſtimmendes liefern, wenn er überhaupt der Beach=
tung werth ſein will.

16. (§. 314.) Nachdem wir aber ſo den Beſchluß gefaßt
haben jene zwölf Haupttheile zu machen, müſſen wir nunmehr uns
auch daran wagen in Betracht zu ziehen, auf welche Art dieſelben
weiter zu theilen ſind. Offenbar nun ſind ſie es in ſolche Theile
welche wiederum möglichſt viele Diviſoren haben*), und weiter in

---

*) Wörtlich: „welche von dem in ihnen Enthaltenen die mei=
ſten Theilungen haben.“ Sehr richtig hat Wagner er=
kannt daß Hermanns Aenderung von δῆλον δή in διελεῖν
δεῖ allein jedenfalls noch nicht genügt, ſondern daß vielmehr
auf Grund derſelben eine Lücke anzunehmen und etwa fol=
gendermaßen auszufüllen ſein würde: διελεῖν δεῖ τὰ δώ-
δεκα μέρη. δῆλον δὴ κατὰ μέρη τῶν κ. τ. λ. Statt
αὑτοῦ endlich wird überdies noch nach Stallbaums Vor=
ſchlage 3. A. αὖ zu leſen ſein. Stallbaum ſelbſt behilft
ſich indeſſen im Uebrigen mit weit gelinderen Aenderungen,
indem er außerdem nur noch ſtatt δῆλον ein δῆλα oder
δηλοῖ verlangt und hinter τίνα τρόπον ein Punktum (mit

die sonach in diesen enthaltenen und aus ihnen sich ergebenden bis zu den 5040 hin. Nach Maßgabe hievon muß das Gesetz Phratrien, Demen und Komen [252]), so wie die Geschwader und Züge des Heeres, ferner auch Münzen und Maße (und zwar letztere) für trockene wie für nasse Gegenstände anordnen, so daß dies Alles in sich angemessen und mit einander übereinstimmend wird. Ja, man muß sich noch dazu auch nicht einmal davor scheuen daß es den Anschein von Kleinlichkeit gewinnen möchte, wenn man den Bürgern vorschreibt von allen Geräthschaften welche sie in ihrem Besitze haben keine ohne ein bestimmtes Maß zu lassen, und wenn man überhaupt es zu einem allgemeinen Grundsatz zu erheben sucht daß die Beobachtung der verschiedenen Theilbarkeit der Zahlen und ihrer mannigfachen Combinationen, [p. 747.] sowohl derer die sie in sich selbst darbieten als auch in Anwendung auf Längen- und Tiefenbestimmungen und auf (Berechnung der) Töne und Bewegungen, mögen nun die letzteren in gerader Richtung nach oben

----

Ast) setzt. Allein wie das bloße τὸ τίνα τρόπον den von ihm hineingelegten Sinn haben könnte vermag ich nicht abzusehen. Nach ihm wäre zu übersetzen: „Und so wollen wir denn nunmehr, nachdem wir jene zwölf Haupttheile gemacht haben, (auch bei unserem Werke) jene innere Zusammenstimmung getrosten Muthes ins Auge zu fassen und zusehen auf welche Weise wir sie zu Stande zu bringen haben. Da ist denn nun offenbar daß jene zwölf Theile, und Alles was mit ihnen zusammenhängt und aus diesem Zusammenhange weiter hervorgeht, wiederum sehr viele Unterabtheilungen in sich tragen bis zu jener endlichen Zahl 5040 hin." Vielleicht ist aber doch diese Auffassung und die ihr entsprechende Textesgestaltung die richtigere, da das ξυνεπόμενα — γεννώμενα kaum den von uns in der Uebersetzung wiedergegebenen Sinn haben kann.

ober unten oder im Kreise vor sich gehen, zu allem Möglichen nütz-
lich ist. (§. 315.) Mit Rücksicht auf diesen mannigfaltigen Nutzen
muß daher der Gesetzgeber allen Bürgern gebieten, so weit es in
ihren Kräften steht, nie die Beobachtung dieser Verhältnisse auffer
Acht zu lassen, und kein einziger von den zur Jugendbildung gehö-
rigen Zweigen des Wissens hat für Haus- und Staatsverwaltung
so wie für alle möglichen Künste (und Gewerbe) so große Bedeutung als das Rechnen. Sein wichtigster Nutzen aber ist der daß es
einen von Natur schläfrigen und ungelehrigen (Kopf) aufweckt und
ihm Gelehrigkeit und Schärfe des Gedächtnisses und des Verstan-
des mittheilt, so daß er durch (diese) göttliche Kunst seiner Natur-
anlage zum Trotz fortschreitet. Jedoch wird aller Unterricht in ihr
nur dann wenn durch anderweitige Gesetze und Einrichtungen nie-
drige Gesinnung und Gewinnsucht aus den Seelen Derer verbannt
wird denen diese Fertigkeit in einem genügenden und (wirklich)
nutzbringenden Grade beigebracht werden soll, zu einem (wahrhaft)
empfehlenswerthen und angemessenen Erziehungsmittel. (§. 316.)
Wo dies dagegen nicht der Fall ist, da wird er unvermerkt Ver-
schmitztheit statt Weisheit zu Wege bringen, wie man dies jetzt an
den Aegyptern und Phöniziern [253]) und vielen andern Völkern in
Folge der schlechten Beschaffenheit ihrer sonstigen Einrichtungen
und der niedrigen Erwerbszweige welche sie betreiben wahrnehmen
kann; sei es nun daß dies ein vielleicht schlechter Gesetzgeber der
ihnen zu Theil ward verschuldet hat, oder aber ein ungünstiges Ge-
schick das über sie hereinbrach, oder auch irgend eine andere Ursache
dieser Art. Denn auch Das, Megillos und Kleinias, dürfen wir nicht
außer Acht lassen daß die Oertlichkeit eines Landes von großem
Einflusse*) darauf ist bessere oder schlechtere Menschen hervorzu-

---

*) οὐκ vor είσιν ist nach Asts Vorgange vielleicht mit Recht

bringen, und mit dieser Beobachtung darf die Gesetzgebung nicht
in Widerspruch treten. (§. 317.) Manche Orte sind nämlich in Be=
tracht der mannigfachen Winde und der Sonnenwärme (in dieser
Hinsicht) von ungewöhnlichem und verhängnißvollem Charakter,
andere in Rücksicht des Wassers, noch andere auch in Bezug auf
jene unsere Nahrung aus den Gewächsen der Erde, indem sie*)
nicht nur für den Körper theils eine heilsamere, theils eine schäd=
lichere hervorbringen, sondern auch eine solche welche nicht weniger
auch auf die Seelen einen besseren oder schlimmeren Einfluß aus=
zuüben vermag. Am Meisten aber kommt es wiederum darauf an
daß (in allen diesen) Stücken diejenigen Orte des Landes vor allen
andern bevorzugt sind welche ein göttlicher Hauch durchweht und
die den Dämonen als ihr Antheil zufallen [254]), denn davon hängt
es ab ob Götter und Dämonen die jedesmal sich Niederlassenden
gnädig oder ungnädig aufnehmen. [255]) Dies Alles**) also muß
der verständige Gesetzgeber wohl in Obacht nehmen, soweit es über=
haupt für einen Menschen möglich ist Dergleichen zu erforschen;

---

von Wagner in Parenthese eingeschlossen, oder es ist mit
Dübner (Rhein. Mus. N. F. III. S. 631 f.) ἐοίκασιν statt
οὐκ εἰσὶν zu schreiben. S. indessen Stallbaum 3. A. z.
d. St.

*) Stallbaum 3. schlägt vor, das διὰ vor ταύτην zu streichen
und ἀναδιδοῦσαν in ἀναδιδοῦσιν zu verwandeln. Es be=
darf aber nur der Aenderung des letzteren Wortes in ἀνα=
διδόντες. Demgemäß habe ich übersetzt. — „Sollte übri=
gens Platon hier nicht an die bekannte Schrift des Hippo=
krates περὶ ἀέρων, ὑδάτων, τόπων denken?“ (W. T.)

**) Wohl mit Recht verlangt Ast die Umwandlung von οἷς in
οὓς; denn wenn Stallbaum 3. A. οἷς mit τιθέναι τοὺς
νόμους verbinden will, so spricht dagegen daß im Vorigen
nicht bloß von Oertlichkeiten günstiger, sondern auch un=
günstiger Art die Rede gewesen ist.

bevor er seine Gesetze zu entwerfen unternimmt; und Dies muß mithin auch von dir, lieber Kleinias, geschehen: auf dies Alles wirst du zuerst deine Aufmerksamkeit zu richten haben, da (auch) du eine Pflanzstadt anlegen willst.

Kleinias. Gewiß, athenischer Gastfreund, du hast durchaus wohl gesprochen und ich werde nach deinen Worten zu handeln haben. ²⁶⁶)

Anmerkungen zum vierten Buche.

155) Mit Recht tadelt Zeller Plat. Stud. S. 62 diese Er-
klärung als ungeschickt; denn wenn bei jener allerdings undeutlichen
Frage, mit welcher dies Buch beginnt, „gerade dieses Mißverständ-
niß von den Mitredenden zu fürchten war, so konnten sie freilich
nicht wohl eine fließende Unterhaltung führen."

156) Zwei geographische Meilen.

157) S. Anm. 154.

158) Vergl. I. §. 3.

159) Von einer „salzigen Nachbarschaft" sang schon der
spartanische Dichter Alkman, aber die eigenthümlich witzige Anwendung welche Platon hier von diesem Ausdrucke macht gehört
ihm selber an.   Vgl. Stallbaum z. d. St.

160) Dieselbe Rückdeutung auf B. I. Cap. 2 — 6 findet sich
in ganz ähnlicher Weise auch schon III, §. 157. S. Anm. 110,
111.   Weiter ausgeführt wird der gleiche Gedanke V. §. 302 —
305, 308 f., VII. §. 443 (vgl. Anm. 416), VIII. §. 509 (vgl.
Anm. 475), XI. §. 734 (vgl. Anm. 679). S. auch VIII. §. 520.
Auf die Wichtigkeit der geographischen Verhältnisse überhaupt
für das sittliche Gedeihen eines Staates aber kommt Platon noch
einmal V. §. 316 f. (oben S. 1318) zurück.

161) III. §. 177 i. A. ist die einzige Stelle welche Platon
hier im Auge haben kann, und doch paßt auch sie kaum zu dieser
Rückdeutung.   Vgl. Anm. 100; hinsichtlich des Gedankens aber
vgl. I. §. 12 — 18. 21 — 28.

162 a. und b.)   Ueber die hier angezogene Sage f. d. Anm. z. Phaidon §. 2.

163) Ausdrücklich wenigstens ist in Wahrheit auch Dies wiederum nicht geschehen.   Die einzige Stelle welche einigermaßen hieran anklingt ist I. §. 33 — 35.   Vgl. Anm. 100, 161.

164 a. und b.)   S. III. §. 179, vgl. §. 178 und Anm. 139.

165) Wie dies z. B. in einer Verfassung wie der spartanischen geschehen könnte.   S. Anm. 166.

166) Unter Königthum ist hier offenbar eine verfassungsmäßig bereits beschränkte Monarchie zu verstehen, wie z. B. in dem vorher von dem Athener angeführten Falle, wenn immer zwei Könige zugleich regieren und sich dadurch gegenseitig beschränken, wie in Sparta, vgl. III. §. 167.

167) Platon meint offenbar daß bei einer allzu großen Theilung der Gewalt, wie in der Demokratie, also bei allzu vielen scheinbaren Machthabern, sehr wenig wirkliche Machthaber vorhanden sind, nämlich immer nur die Häupter derjenigen Partei welche jedesmal gerade die Mehrheit des Volkes auf ihre Seite gebracht hat.

168) In den Gesetzen ist dies nicht geschehen.   Es scheint dies also eine — freilich nicht sehr geschickte — Rückdeutung auf den Staat V. p. 473, VI. p. 499, 502 zu sein.   Im Uebrigen vgl. zu §. 213 — 219 unten V. §. 282 ff. mit Anm. 216, §. 292 mit Anm. 225, auch oben III. §. 147 mit Anm. 102 und 114, und unten VI. §. 325 z. E. mit Anm. 260 und die Einl. S. 974. 985. 989.

169) Eben so urtheilt Aristot. Polit. II, 6, 14. Schneider = II, 9. 1270 b, 6 ff. Bekker.   Vgl. Schömann a. a. O. 1. A. I. S. 245, vgl. 237 — 244. 2. A. S. 252, vgl. S. 244 — 252.

170) Weil alle eigentlichen Spartiaten gleichberechtigt waren; f. indessen Schömann a. a. O. 1. A. I. S. 217 ff. 2. A. I. S. 223 ff.

171) Eine Aristokratie, d. h. Herrschaft der Besten oder der Edelsten und Tüchtigsten in dem Sinne welchen die Spartaner mit diesem Worte verbanden, durfte die spartanische Verfassung ihrer ursprünglichen Tendenz nach gewiß heißen, weil sie in allen Stücken darauf berechnet war nur diese ans Ruder zu bringen. Aber auch eine Aristokratie im gewöhnlichen Sinne, d. h. eine

Herrschaft des Geburtsadels, nämlich der dorischen Eroberer über die politisch unberechtigten Gemeinfreien, d. h. die ursprünglichen achäischen Landesbewohner oder Perioken, war sie in der That. Vgl. Schömann a. a. O. 1. A. I. S. 191 — 194. 202 ff. 2. A. I. S. 197 — 201. 208 ff.

172 a. und b.) Vgl. III. §. 167 f. mit Anm. 122. Eben so urtheilt über die spartanische Verfassung auch Aristot. Polit. II, 3, 10 Schneider = II, 6. 1265 b, 33 ff. Bekker (hier mit Berufung auf die vorliegende platonische Stelle). IV, 5, 11 Schneider (IV, 7. 1293 b, 16 f. Bekker). IV, 6, 4 f. Schneider (IV, 8. 1294 a, 9 ff. Bekker).

173) Daß und warum eine gemischte Verfassung, wie es die spartanische eben hiernach ist, die beste sei, ist schon III. §. 168 ff. auseinandergesetzt worden, s. auch Anm. 122.

174) „D. h., wie das Folgende lehrt, der Dämonen." Stallbaum.

175) Vor Zeus herrschte nach der Mythe bekanntlich sein Vater Kronos über die Welt, und in diese altvergangene Zeit begann man daher schon früh, im Gegensatz zu den Mühen und Leiden der Gegenwart, ein schöneres goldnes Weltalter zu verlegen; so geschieht dies bereits in Hesiodos Werken und Tagen B. 111 ff. Vgl. auch Gorg. p. 523. Staatsm. p. 269 ff.

176) III. §. 166. Vgl. auch §. 168 nebst Anm. 117.

177) Wie das Erstere Kleinias B. I. Cap. 2, das Letztere aber sodann ihm gegenüber der Athener behauptet und verfochten hatte.

178) Diese Rückdeutung geht auf III. §. 162 f. Vgl. Anm. 113. Im Uebrigen vgl. zu §. 228 ff. unten VI. §. 338 mit Anm. 274. X. §. 656 f. mit Anm. 632.

179) Vgl. Anm. 14.

180) Aus einem orphischen Gedichte, s. d. Schol. und Prokl. Theol. Plat. VI, 8. p. 363. (Vielleicht noch besser als die von ihnen angeführten beiden Verse paßt aber B. 35 in der Hermannschen Sammlung der orphischen Fragmente p. 451.) Im Uebrigen vgl. Lobeck Aglaophamus I. p. 530 f. und Zeller Philosophie der Griechen 2. A. I. S. 46 f.

181) Nur durch diese Umschreibung ließ sich der Sinn wieder-

geben. Wörtlich: „indem er der (seiner) Natur gemäß stets im Kreise wandelt." Die Kreisbewegung soll aber, wie der Schol. richtig bemerkt, hier nur die Gleichmäßigkeit — also die Ewigkeit und Unveränderlichkeit — der göttlichen Thätigkeit bezeichnen. Daß die Kreisbewegung, eben weil sie keine eigentliche Ortsveränderung in sich schließt, der rein geistigen Bewegung oder der Denkthätigkeit am Nächsten verwandt ist, als Symbol derselben gelten darf und die vollkommenste von allen körperlichen Bewegungen ist, sagt Platon auch X. §. 679 f. Tim. §. 44 — 46.

182) Gleichfalls mit Anklang an einen orphischen Vers, s. Prokl. a. a. O. u. z. Tim. p. 310 D.

183) Nämlich Protagoras, s. Kratyl. p. 385. Theät. p. 152 ff. vgl. Anm. 6 z. Protag.

184) Vgl. Schömann a. a. O. II. S. 199 f.

185) Platon folgt hierin den Pythagoreern (s. Porphyr. Vit. Pythag. p. 68. Kießling, und Serv. z. Vergil. Ecl. VIII, 75), welche von den beiden Elementen der Zahlen und damit aller Dinge das Begrenzte oder Ungerade für das vollkommnere gegenüber dem Unbegrenzten oder Geraden und daher die ungeraden Zahlen, welche mehr an dem Ersteren als an dem Letzteren Theil haben, im Ganzen für vollkommener hielten als die geraden. S. Zeller Phil. d. Gr. 2. A. 1. S. 252 ff.

186) Vgl. Schömann a. a. O. II. S. 486 f.

187) Weßhalb Platon diesen Zusatz macht erhellt aus X. §. 711 — 713, wo die Einrichtung aller neuen, vom Staate nicht ausdrücklich sanctionierten Cerimonien verboten wird, damit sich nicht sträflicher Aberglaube hinter ihren Deckmantel verkrieche und der Controle des Staates entziehe.

188) Mit anderen Worten: nicht bloß die geringeren, sondern auch die höheren und höchsten Güter, s. Anm. 14.

189) Dämonen und Heroen, s. §. 237 und §. 225. Derselbe Ausdruck kehrt V. §. 257 wieder.

190) Wiederholt ordnet Platon nämlich für gewisse Vorkommenheiten im Staatsleben eine Befragung der Orakel und der eigens constituierten Ausleger der Religionssatzungen an, s. VI. §. 344. 382. XI. §. 717 (mit Anm. 266 und 315), ferner die Anm. 281. 282 angef. Stellen.

191) II. §. 77, vgl. §. 86 ff., 116 f.

192) Platon will offenbar durch diese ganze Auseinander=
setzung §. 242 f. auf den dichterischen Charakter und die dichterische
Färbung der Proömien zu den Gesetzen hinweisen, thut Dies aber,
wie Jedermann einleuchten wird, in so ungehöriger Weise daß die
dem Werke mangelnde letzte Feile schwerlich, wie Stallbaum meint,
als Erklärungsgrund hiefür befriedigen kann.   So lange Platon
noch im Vollbesitz seiner geistigen Kraft war würde er schwerlich
auch nur im ersten Entwurf auf solche Abgeschmacktheiten verfal=
len sein; es zeigt sich also in denselben vielmehr seine Altersschwäche.

193) Wie sich überhaupt bei den Griechen die verschiedenen
Kunstfertigkeiten vorwiegend in den Familien fortzupflanzen pfleg=
ten (s. Protag. §. 47 und unten VI. §. 374), so galt Dies auch
von der Arzneikunst.

194) S. Anm. 53 z. Protag.

196) Vgl. I. §. 19.

197) Vgl. Anm. 326.

198) S. unten VI. §. 386 mit Anm. 332.

199) Vgl. unten VI. §. 386 (mit Anm. 330) und Gastmahl
p. 207 ff.

200) Nämlich, wie das Folgende zeigt, eine allgemeine Ein=
leitung zu der gesammten Gesetzgebung.

201) S. oben III. §. 188 z. E. und dazu Anm. 148 und un=
ten VII. §. 440 mit Anm. 414 u. d. Einl. S. 992.

202) §. 233 — 239.

203) S. Anm. 14.

Anmerkungen zum fünften Buche.

---

204) S. Anm. 14.

205) Stallbaum bemerkt richtig daß Platon im Folgenden
wirklich nach dieser Dreitheilung die Sache genauer ausführt, so
jedoch daß er die Gaben zuletzt (§. 260) abhandelt.

206) Vgl. schon oben IV. §. 234.

207) Vgl. unten §. 270 f. IX. §. 563 f. 585 f. XI. §. 775. XII. §. 833. Zeller Phil. d. Gr. 2. A. II. S. 563, Anm. 4.

208) Vgl. Anm. 14.

209) Vgl. oben IV. §. 237, wo an die Staatsgottheiten zunächst die Familiengottheiten angeschlossen werden.

210) Dies bezieht sich zunächst auf die Proömien zu den Gesetzen, s. IV. §. 239 ff. IX. §. 547 ff. u. ö., zugleich aber auch auf die ungeschriebenen Gesetze, s. VI. §. 385. 407. 411. VII. §. 413. 416 f. 424. 497 ff. VIII. §. 532 ff. XI. §. 740. Ueber Platons Ansichten in Bezug auf die letztern s. Hildenbrand a. a. O. I. S. 197 f.

210 b.) Wie das gemeint ist erhellt aus VII. §. 463. VIII. §. 545. IX. §. 637. 638. 640. XI. §. 718. 729. 780. vgl. Anm. 294. Ein Gleiches wie nach diesen Stellen in Bezug auf die Leibes= gilt aber auch in Bezug auf die Ehrenstrafen: Platon übergibt im Folgenden viele Handlungen, statt eine besondere Strafe, sei es auch nur eine obrigkeitliche Rüge, auf sie zu setzen, ausdrücklich lediglich der verdienten Verachtung der Mitbürger.

211) Ehre und Anerkennung bei den Mitbürgern, öffentliche Belobung durch die Obrigkeit, Wahl zu einem obrigkeitlichen Amte, Ehrenkränze und sonstige Auszeichnungen, Aufnahme in die nächtliche Versammlung und schließlich die jenseitige Seligkeit, s. Anm. 681. 688. 775 f. 780. 864.

212) D. h. sich auf den edelsten und göttlichsten Theil unserer Seele (s. IV. §. 226 z. E.) beziehen.

213) Vgl. oben II. §. 91 — 96 mit Anm. 57 und die Inhaltsangabe.

214) S. d. Einl. S. 976.

215) Diese Bemerkung wiederholt sich VI. §. 318. S. d. Inhaltsangabe.

216) Vgl. IV. §. 213 — 219. V. §. 292 und das Anm. 168 Angeführte.

217) III. §. 148. vgl. Anm. 103.

218) Ueber die Wichtigkeit der Zahlenkunde für den Staat und seine Bürger s. noch §. 298. 315 f. VII. §. 465. 487 ff. auch VI. §. 334 — 338.

219) Nämlich durch 1, 2, 3, 4, 5, 6, 7, 8, 9, 10, 12, 14, 15, 16, 18, 20, 21, 24, 28, 30, 35, 36, 40, 42, 45, 48, 56, 60, 63, 70, 72, 80, 84, 90, 105, 112, 120, 126, 140, 144, 168, 180, 210, 240, 252, 280, 315, 336, 360, 420, 504, 560, 630, 720, 840, 1008, 1260, 1680, 2520.

220) Ueber diese beiden verschiedenen Arten der Wahrsagung, die künstliche oder die Zeichendeutung und die kunstlose oder begeisterte, s. bes. Hermann Gottesdienstl. Alterth. §. 37 ff. Schömann a. a. O. II. S. 250 ff.

221) Unter den tyrrenischen Culten scheinen die der tyrrenischen Pelasger verstanden zu sein, von denen insonderheit die samothrakischen Mysterien oder der Kabirendienst ausgieng, s. Herod. II, 51; unter den kyprischen die der Aphrodite, deren Dienst von Kypros aus, und zwar von den dort ansässigen Phöniken her, vorwiegend sich ausgebreitet hatte, s. Herod. I, 131. Aeschyl. Schutzfl. 562. Pauf. I, 14. (Stallbaum.)

222) Vgl. unten VI. §. 380 f. und oben II. §. 119.

223) Vgl. oben §. 267.

224) Das griechische Spielbrett war von 5 Linien durchtheilt, deren mittlere die heilige hieß, von welcher man den oder die auf ihr liegenden Steine nur im äußersten Nothfalle wegzog. Daher ward denn dieser Ausdruck sprüchwörtlich von der Anwendung höchst gewagter Mittel, zu denen man nur greift wenn man sich gar nicht anders zu helfen weiß, s. d. Schol. z. d. St. Stallbaum versteht nun unter der heiligen Linie hier die absolut beste Staatsverfassung mit ihrer durchgeführten Weiber- und Gütergemeinschaft der eigentlichen Vollbürger, wie Platon sie im „Staate" geschildert hatte und von welcher er sonach eben hiemit nur ungern und durch die äußerste Noth gedrungen abzugehen erkläre. Diese äußerste Noth würde dann eben darin bestehen daß dies höchste Ideal, wie der §. 294 ausspricht, nun doch einmal ein unausführbares, nur unter Göttern und Göttersöhnen und nicht unter Menschenkindern (vgl. IX. §. 560) denkbares ist. Allein die folgenden Worte, nach denen selbst die zweitbeste Verfassung noch als etwas Ungewöhnliches und höchstens für einen mit unumschränkter Gewalt bekleideten Gesetzgeber Durchführbares erscheint, beweisen daß die Sache so nicht gemeint sein kann, und daß vielmehr diese zweit-

beste Einrichtung selber schon durch diesen Ausdruck als das äußerste Wagestück und als das höchste Erreichbare bezeichnet werden
soll.   Und in der That geht sie über alles bisher Bestehende, selbst
über die spartanischen Zustände, welche ihr noch am Nächsten kommen, weit hinaus.   Zwar war auch in Sparta der Grund und
Boden in eine bestimmte Zahl gleicher (f. o. III. §. 148), unver-
äußerlicher und untheilbarer Landgüter getheilt, und auch nur durch
Schenkung oder Testament über ein solches zu verfügen war dort
erst durch das Gesetz des Epitadeus erlaubt worden.   Allein die
Vereinigung mehrerer Güter in Einer Hand war dort wohl eben
so wenig je schlechthin verhindert als andererseits jedes nur auf
Einen der Söhne vererbt wurde.   Wenn deren mehrere vorhanden
waren, blieb es vielmehr in deren Gemeinbesitz, so jedoch daß dabei der
älteste als der eigentliche Hausherr galt, wornach denn andererseits
auch wiederum eine größere, viel mehr dem attischen Recht ensprechende
Freiheit darin liegt wenn Platon es beliebig einem derselben testa-
mentarisch zu vermachen gestattet (§. 296).   Während Platon fol-
gerichtig Einen Sohn und Eine Tochter als die eigentlich legitime Kinderzahl bezeichnet, XI. §. 766 z. E. (vgl. Anm. 717), so
stand dort vielmehr sogar eine Belohnung auf einer zahlreichen
Nachkommenschaft, Aristot. Polit. II, 6, 13. Schneider (II, 9. 1270 a,
39 ff. Bekker). Von allen Maßregeln welche Ersterer zur Erhaltung der Gleichheit der Bürgerzahl mit der Zahl der Grundstücke
§. 296 f. vgl. IX. §. 564 f. 568. XI. §. 744 ff. 761 f. 763 ff.
empfiehlt, war dort mithin theils überhaupt, theils wenigstens in
wirklich consequent durchgeführter Anwendung nie die Rede. Und
umgekehrt die dort angewandten Maßregeln, Gemeinschaft der
Frau für alle Brüder und Adoption von unehelichen, mit leibeige-
nen Weibern erzeugten Söhnen, verschmäht wiederum Platon, vgl.
XI. §. 765.   Auch die Vermehrung der fahrenden Habe war in
Sparta keiner solchen Beschränkung unterworfen wie er sie §. 300 f.
(f. jedoch Anm. 237, 239) §. 308 f. fordert.   Nicht minder ist die
mit dem Obigen zusammenhängende Zerlegung jedes Grundstücks
in zwei getrennte Theile (§. 310 ff. VI. §. 391) ihm eigenthümlich, und während er endlich den Gesichtspunkt, jedes möglichst in
derselben Familie zu erhalten, nur in zweiter Linie verfolgt (f.
XI. §. 743. IX. §. 568) kommt in Sparta sein Hauptgesichtspunkt

daß vor Allem der Grund und Boden Staatseigenthum ist (§. 295. IX. §. 629. vgl. XI. §. 743), gar nicht zur rechten Geltung. S. Hermann De vestigiis etc. p. 25 ff. Jur. domest. etc. p. 22 f. vgl. Schömann a. a. O. 1. A. I. S. 214 — 217. 2. A. I. S. 219 — 222.

225) Vgl. oben §. 282 mit Anm. 216.

226) Ueber die Bedeutung des drittbesten Staates s. die Einl. S. 984 f.

227) Vgl. unten VII. §. 454 mit Anm. 427.

228) D. h. eine so strenge Staatseinheit ist bei einer Mehrzahl von Personen, wie sie doch zu einem Staate gehört, vielleicht selbst wenn diese Personen geradezu Götter oder Göttersöhne wären, undenkbar.

229) Man hat hierin vielfach die Ankündigung noch einer neuen, dritten politischen Schrift Platons erblickt; wer aber die Bedeutung des drittbesten Staates so wie wir auffaßt kann hierin nur eine Formel erkennen, mit welcher Platon hier ein näheres Eingehen auf diese Sache bei Seite schiebt.

230) D. h. nicht: „von der zu Platons Zeit lebenden," sondern überhaupt „von den Menschen, wie sie nun einmal sind." Denn im vorigen Paragraph hieß es ja daß dergleichen kaum von Göttern und Göttersöhnen zu erwarten stehe. Mit andern Worten: es müßte zu diesem Zwecke mindestens erst ein ganz anderes und neues, gottähnlicheres Menschengeschlecht geschaffen werden. Vgl. Anm. 224. 228.

231) S. unten §. 301 z. E.

232) Die Gesetzverweser, s. u. VI. §. 329 f. XI. §. 761. 765 und überhaupt die Anm. 266 angeführten Stellen.

233) §. 283. IV. §. 208.

234) Vgl. unten VII. §. 487 f.

235) S. Anm. 232.

236) Vgl. d. Einl. S. 978.

237) Hierin folgt Platon ganz dem spartanischen Vorbild. In Sparta bestand nämlich bekanntlich Eisengeld. S. Hermann De vestig. p. 30. Ast und Stallbaum z. d. St. Schömann a. a. O. 1. A. I. S. 276. 2. A. I. S. 284 f. Im Uebrigen vgl. zu

diesem und den folgenden Paragraphen oben IV. §. 200 und die Anm. 160 angef. Stellen.

238) S. unten XII. §. 814 f. mit Anm. 801 und 802.

239) Dieselbe Verfügung wiederholt Platon noch einmal VI. §. 387 (vgl. Anm. 333 und bes. 334) mit einer mildernden Zusatz=bestimmung. Auch sie bestand schon in Sparta, s. Hermann De vestig. p. 24, Stallbaum z. d. St. und Schömann a. a. O. 1. A. I. S. 226. 2. A. I. S. 274.

240) S. I. §. 3 — 16.

241) S. d. Einl. S. 978.

242) Nämlich in allen den Anm. 14 angeführten Stellen.

243) S. VI. §. 334 ff. 345. 356 f. 362 und die Einlei=tung S. 981.

244) S. III. §. 183 und dazu Anm. 139 und die dort ange=führten Stellen.

245) Auch diese Verfügung wird, gleich der Anm. 239 be=sprochenen, noch einmal mit einer mildernden Zusatzbestimmung wie=derholt: VI. §. 329 f., vgl. Anm. 265.

245 b.) S. gleichfalls unten VI. §. 329 f. mit Anm. 266. Vgl. Anm. 232. 235.

246) Hier folgt Platon wieder dem athenischen Vorbilde, denn in den kretischen Culten nahm Athene keine ähnliche oder auch nur überhaupt hervorragende Stelle ein. (Hermann De vestig. p. 33, Not. 120.) Diese Burggötter sind nämlich die eigentlichen Schutzgötter des ganzen Staates (s. §. 309 i. A.), gerade wie die einzelnen Landestheile wieder ihre besonderen Götter, Heroen oder Dämonen als Schutzpatrone haben, s. Anm. 249. 252. Vgl. auch VIII. §. 554 mit A. 526.

247) Der Grund dieser Einrichtung erhellt aus VI. §. 391: den städtischen Theil jedes Grundstücks soll der eigentliche Besitzer desselben bewohnen und bebauen, den ländlichen sein verheiratheter Sohn und Erbe. Vgl. Anm. 250. 340. 383.

248) S. §. 309 z. E.

249) Gerade wie Attika seit Kleisthenes in 10 solche örtliche Phylen zerfiel, deren jede gleichfalls ihren besonderen zwar nicht Schutzgott, aber doch Stammheros hatte, nach welchem sie hieß, s. Hermann a. a. O. p. 36 und Schömann a. a. O. 1. A. I. S. 338,

367 ff. 371 ff. 2. A. I. S. 348 f. 378 ff. 380 ff. Warum aber
Platon die Zwölfzahl vorzieht, sagt er selbst VI. §. 379, vgl. §. 347
mit Anm. 287, 321 und 323 auch VIII. §. 503 mit Anmerkung
462 f.

250) Also die eine in der Stadt, die andere auf dem Lande in
einem der 12 Flecken oder Dörfer, s. VIII. §. 554 f.

251) S. d. Einl. S. 984 f.

252) Die beiden letzteren Ausdrücke sind jedenfalls gleichbe=
deutend: was bei den Dorern Kome, dasselbe hieß bei den Athe=
nern Demos, s. Aristot. Poet. 3, 1448 a, 35 ff. Die 10 atti=
schen Phylen theilte Kleisthenes wieder in 10 Demen, deren jede
abermals ihren eigenen Stammheros hatte, s. Schömann a. a.
O. 1. A. I. S. 367 ff. 2. A. S. 378 ff. Platon dagegen
theilt jede der seinen nur in deren 2, eine städtische (§. 311
z. E.) und eine ländliche (VIII. §. 554 f.). Die 12 athenischen
Phratrien dagegen waren Unterabtheilungen der 4 älteren Phy=
len welche vor Kleisthenes bestanden hatten. Kleisthenes hob
die ersteren nicht mit den letzteren auf, sondern ließ sie aus religiö=
sen Gründen bestehen, so jedoch daß sie eben demzufolge von da ab
„vielmehr als kirchliche denn als politische Körperschaften anzuse=
hen sind"; so ward namentlich „durch die Einschreibung der Kin=
der in die Verzeichnisse der Phratrien eine Art von Controle über
ihre legitime Geburt, derjenigen vergleichbar welche heut=
zutage durch die Einschreibung in die Kirchenbücher ausgeübt wird."
(Schömann a. a. O. 1. A. I. S. 365, vgl. S. 319 ff. 2. A. I. S.
376, vgl. S. 328 ff.) Gerade diese Einschreibung verlangt nun
auch Platon VI. §. 412, und da er sonach sich in diesen Einthei=
lungen (s. auch Anm. 139 und besonders 249) ganz an das Mu=
ster Athens anzuschließen scheint, so wird man die Phratrien von
den Komen oder Demen auch in seinem Gesetzesstaate unterscheiden
müssen. Auch erhellt aus VI. §. 379 f. daß jede Phyle nicht 2,
sondern 12 Phratrien haben soll. S. Anm. 323. Näher läßt
er sich aber über die Phratrien, ihr Verhältniß zu den Demen u. s. w.
nirgends aus. Vgl. auch Hermann a. a. O. p. 36.

253) Vgl. Staat IV. p. 436 i. A. Im Uebrigen aber s.
oben §. 289 und die Anm. 218 angef. Stellen.

254) Diejenigen Orte des Landes welche ein göttlicher Hauch

Lightning Source UK Ltd.
Milton Keynes UK
UKHW041321201020
371876UK00003B/546